OLIVIER NICOLLE
RENÉ KAËS
(organizadores)

A instituição como herança

Mitos de fundação, transmissões, transformações

EDITORA
IDÉIAS&
LETRAS

DIRETOR EDITORIAL:
Marcelo C. Araújo

EDITORES:
Avelino Grassi
Edvaldo Manoel de Araújo
Márcio F. dos Anjos

TRADUÇÃO:
Ephraim Ferreira Alves

COORDENAÇÃO EDITORIAL:
Ana Lúcia de Castro Leite

COPIDESQUE:
Paola Goussain de Souza Lima

REVISÃO:
Lessandra Muniz de Carvalho

DIAGRAMAÇÃO:
Simone Godoy

CAPA:
Sergio Kon
A partir de Claude Monet
Catedral de Ruen, fachada (pôr do sol)
Detalhe. Óleo sobre tela, 1892-1894
Museu Marmottan, Paris

Título original: L'institution en héritage –
Mythes de fondation, transmissions, transformations
© Dunod, Paris, 2008.

ISBN 978-2-10-051704-6

Todos os direitos em língua portuguesa, para o Brasil, reservados à Editora Idéias & Letras, 2011.

EDITORA
IDÉIAS&
LETRAS

Editora Idéias & Letras
Rua Pe. Claro Monteiro, 342 – Centro
12570-000 Aparecida-SP
Tel. (12) 3104-2000 – Fax (12) 3104-2036
Televendas: 0800 16 00 04
vendas@ideiaseletras.com.br
www.ideiaseletras.com.br

Dados Internacionais de Catalogação na Publicação (CIP)
(Câmara Brasileira do Livro, SP, Brasil)

A Instituição como herança. Mitos de fundação, transmissões, transformações
/ Olivier Nicolle; René Kaës (orgs.); [tradução Ephraim Ferreira Alves].
- Aparecida, SP: Idéias & Letras, 2011. (Coleção Psicanálise Século I)

Título original: L'institution en héritage: mythes de fondation, transmissions, transformations.

Vários autores.
Bibliografia
ISBN 978-85-7698-095-7

1. Herança e sucessão 2. Intervenções em instituições 3.Psicanálise
4. Psicanálise de grupo 5. Psiquiatria I. Nicolle, Olivier. II. Kaës, René.

11-02069   CDD-616.89

Índices para catálogo sistemático:
1. Teoria psicanalítica da instituição 616.89

Lista dos Autores

Anne-Marie BLANCHARD, psicanalista, membro do CEFFRAP.

Michelle CLAQUIN, psicanalista, membro do CEFFRAP.

Florence GIUST-DESPRAIRIES, professora na Universidade Paris-VII, presidenta do CIRFIP (Centre International de recherche, de formation et d'intervention psychosociologiques).

René KAËS, psicanalista, professor emérito na Universidade Lyon-II, membro do CEFFRAP.

Luc MICHEL, psicanalista, responsável no Instituto universitário de psicoterapia do centro hospitalar universitário valdense, membro do ARPAG (Suíça).

André MISSENARD, psicanalista, membro do CEFFRAP.

Olivier NICOLLE, psicanalista, mestre conferencista na Universidade de Amiens, membro do CEFFRAP.

Martine PICHON, psicanalista, membro do CEFFRAP.

Jean-Pierre PINEL, psicólogo, mestre conferencista HDR na Universidade Paris-XIII.

Joseph VILLIER, psicanalista, membro do CEFFRAP.

Sumário

Introdução 9
OLIVIER NICOLLE

**1. A construção do dispositivo de intervenção à prova
das mutações institucionais contemporâneas** 21
JEAN-PIERRE PINEL

As buscas de intervenções em instituições 23
Transgressões, ataques e tentativas de homogeneização
do dispositivo de intervenção 26
Da desdiferenciação ao apagamento coletivo
das teorizações do processo institucional 29
Crise da transmissão e mutações que afetam o último
plano das instituições cuidadoras: o desmoronamento
dos valores instituintes e dos mitos fundadores 34

2. A instituição: temporalidade e mítica 39
OLIVIER NICOLLE

A tarefa dos mitos 40
Dois casos típicos 44
"O Castelo das Amazonas", 45 –
"À criança bem-cuidada", 52 – Uma refundação?, 60

**3. O luto dos fundadores nas instituições: trabalho
do originário e passagem de geração** 63
RENÉ KAËS

Morte de fundadores ou de chefes de serviço em
instituições públicas 67

O luto após a morte do fundador de um serviço de pedopsiquiatria, 68 – Uma morte traumática negada, 72 – O trabalho da herança em duas associações de psicanalistas, 80 – Reconhecer os efeitos do inconsciente nas sociedades de psicanalistas: uma dificuldade, 90
Notas sobre o trabalho do originário
e a passagem de geração 91
O imaginário da fundação, 91 – Os investimentos narcísicos na figura do fundador. Destinos do contrato e do pacto narcísicos, 93 – O fundador mortal, a prova narcísica e a reinscrição na genealogia, 94 – Causalidade realitária e fantasma de transmissão, 95 – A propósito da atividade e da posição mitopoética, 97 – Nota sobre o trabalho psíquico do luto do fundador e o trabalho do analista, 99

4. Um narcisismo... como herança 101
André Missenard

Autoinvestimento e criação 101
No espelho do grupo 104
Morte/nascimento e origem 107
Olhares sobre uma regulação psicanalítica de uma instituição cuidadora 111

5. Um grupo pode esconder outro 113
Luc Michel

Uma lembrança de infância 113
Do grupo à instituição e reciprocamente 113
Encaixe dos espaços 115
Da definição de um espaço grupal aos lugares

de projeção grupal 116
A terceira instituição 117
Da corrente laminar à turbulenta 121
Exemplo: diário de viagem de um supervisor 122
O começo, 122 – Mudança da direção, 124 – Mudança do modelo, 126 – Crônica de uma morte anunciada,128
Supervisor ou observador participante? 130
Variações das buscas de ajuda no decurso do tempo 133
O tempo da busca, 134 – Duração da intervenção, 135 – Evolução das buscas, 135 – Evolução de nossa teoria, 137

6. O mito da Escola republicana: uma fundação identificadora saturada..139
FLORENCE GIUST-DESPRAIRIES

A face escura do sujeito das luzes 140
O *"cogito ferido"*, 143 – Uma fundação homogeneizadora saturada de alteridade, 145
Um dispositivo clínico para elaborar uma história psíquica e social 148
O infantil e o socializado, 150
De aluno a mestre: história de um percurso 152
Ter dificuldades em sua classe, 152 – O percurso escolar, 153 – O percurso de formação, 157 – O percurso profissional, 158
A construção de si como sujeito instituído 158
Do destino à história, 158 – Mundo interno e modalidades de exercício da profissão, 164
A criança no adulto, o aluno no mestre 166
Fazer emergir uma palavra inédita, 166 – O outro em si, 168 – Sair de uma temporalidade linear, 170

A desidealização de um sujeito dessubjetivado 171
Encontrar movimento entre si e o outro, 173 – Um acesso compreensivo aos jogos de reciprocidade, 175
Tecer uma memória do tempo presente 175

7. Um dispositivo de aprendizagem pela experiência relacional 179
ANNE-MARIE BLANCHARD, MICHELLE CLAQUIN, MARTINE PICHON, JOSEPH VILLIER

Um processo de apropriação subjetiva 179
Oferta e procura 182
A oficina 185
    Desenvolvimento, 185 – Análise, 186
Aprendizagem pela experiência relacional 190
Validação 193
Transformações 196
    Na oficina, 196 – Da experiência relacional à escrita, 199
Afiliação e herança 201

BIBLIOGRAFIA 205

ÍNDICE ANALÍTICO 213

ÍNDICE DE AUTORES 221

Introdução

Olivier Nicolle

O que é a intervenção de um psicanalista em uma instituição que a solicita? De qual matéria psíquica poderá ela permitir a escuta? Como pensá-la, bem como as condições de sua enunciação? Dos capítulos a seguir, se destacarão em primeiro lugar a coexistência e os cruzamentos de dois eixos, o diacrônico e o sincrônico, que ordenam a experiência analisada por nossos autores, como também o conjunto estruturado das elaborações que propõem.

Por um lado, o eixo diacrônico, o da mítica e o da fantasmática, através dos quais não cessam de se formular, para transferir para si, a fundação e seu negativo (a crise), a memória já presente da sucessão dos períodos e das gerações, o nascimento ampliado do grupo, a gesta de seus heróis e seu temido desaparecimento. A herança da instituição pelos sujeitos que, agrupados, a mantêm e a transmissão problemática de seus ideais, de suas leis, de seus ritos e de seus costumes, com o risco de sua transformação: eis o que constitui o tema central desta obra.

A abertura, por outro lado (possibilitada pela proposta de dispositivo grupal pelo interveniente), de um continuum sincrônico (a sessão), cuja matéria se estende, se entrelaça e se transforma a partir dos movimentos psíquicos íntimos dos sujeitos que se encontram face a face em um processo grupal, aqui e agora, até o metaquadro constituído pelas representações partilhadas (as dos discursos social, cultural, midiático e teórico), que constroem também o referencial das práticas. A preocupação metodológica, portanto, quanto ao trabalho do psicanalista com o grupo institucional: eis o que perpassa de ponta a ponta os desenvolvimentos ordenados ao longo dos capítulos seguintes.

A ambição dos autores – constituir aqui, em conjunto e como se fosse pela primeira vez, uma apresentação das problemáticas que perfazem a substância da prática da intervenção em uma instituição e da elaboração teórico-clínica, que pode estar de acordo com ela quando prática e elaboração deitam raízes na experiência e na teorização psicanalítica do grupo – só pode sustentar-se na medida em que não se desvia da precariedade, dos caracteres problemáticos e muitas vezes temporários da empresa. E isso, precisamente, porque visa abrir e manter em tensão, através do dispositivo que utiliza, e, a seguir, pensar, esse tempo (de) desconhecido – o das transferências e da interpretação –, que a posição estrutural ocupada pelo interveniente permite fundar, mas nem sempre manter: a do terceiro.

Tanto de um ponto de vista sócio-histórico como do ponto de vista de uma teoria psicanalítica da instituição, talvez não se tenha suficientemente frisado até que ponto o negativo do movimento de agrupamento (congregação, equipe, etc.), através do qual, em torno de objetos idealizados, se constitui a instituição como interioridade relativamente coerente, se faz mediante uma relativa destituição referencial da exterioridade. O movimento instituinte é *ipso facto* o da instauração da autonormatividade e da clausura. Se a autonormatividade não passa de um dos corolários daquilo que Freud (1925) pôs em evidência ao tratar das massas organizadas; a clausura institucional, ultrapassando o marco do limite interno/externo, objetiva uma clivagem, e oculta e protege o bom objeto dos ataques persecutórios do olhar e do ouvido do estranho. A partir desse momento e ao longo da vida da instituição, ainda que fosse solicitada ou reclamada, a posição terceira, assim que vier a ser ocupada, questionará a normatividade, a identidade, a origem e a continuação no ser do grupo institucional e nos laços que o constituem; e aquele que ocupa essa posição não pode escapar do fato de ser seduzível pela intensidade, ou até pela violência dos processos grupais que vão de encontro a ele, dentre os quais aqueles que sua própria presença e suas palavras ou seus silêncios solicitam. A crise é uma das faces essenciais do negativo de toda fundação, individual ou social, e é, portanto, objeto de temor, bem como de destino. Só ela pode justificar o esforço que constitui também, para um coletivo, a procura dirigida a um estranho para que se ofereça como terceiro.[1] E permaneça como tal.

O questionamento das condições da instauração, e da manutenção, de uma posição psicanalítica junto a um grupo institucional será o fio de Ariadne que o leitor poderá encontrar sob diferentes aspectos em cada um dos capítulos desta obra, a partir dos diferentes pontos de vista dos autores (até o contraexemplo: o relato clínico de uma série de eventos, que oneram a abertura à escuta das transferências), situando assim a problemática do dispositivo como um dos momentos fundadores da intervenção, em todos os sentidos desse termo.

A autonormatividade e a autorreferência do grupo instituído, e institucional, são também efeitos do investimento narcísico do grupo pelo grupo, entre os primeiros objetos da clínica dos membros do CEFFRAP,[2] desde seus começos, e entre os primeiros objetos das elaborações de Anzieu e de Pontalis no decurso dos anos 60. A fecunda

---

[1] Poder-se-ia assim considerar que o movimento conhecido como "a análise institucional" (além daquilo que poderia-se, por outro lado, questionar) explica, por suas próprias barreiras, o obstáculo representado na instituição pelo recurso a um estranho temido/esperado: nessa tentativa, a confusão entre a função "analisante" e outras no interior da instituição (chefe de serviço, psiquiatra, diretor) impossibilita levar em conta, nos momentos *críticos* dos desafios de vida e de morte do grupo, a repercussão desses desafios nos fantasmas inconscientes de cada um dos sujeitos desse grupo, suas transferências para os laços com o analista, e a dos movimentos contratransferenciais maciços que este último será forçado a tentar elaborar.

[2] CEFFRAP: "Cercle d'Etudes Françaises pour la Formation et la Recherche: Approche Psychanalitique du groupe, du psychodrame, de l'institution", fundado em 1962 por D. Anzieu.

intuição de Anzieu consistiu precisamente em formular, e verificar, a hipótese de dispositivos que possibilitam – temporária e problematicamente – vias de escuta e de interpretação autenticamente analíticas, através das quais a instituição poderia ser reconhecida – e se reconhecer – como um grupo psíquico, cujos vividos críticos se referem como movimentos fantasmáticos em boa parte inconscientes. Eles se acham em relação com a identidade grupal e a de seus membros constituintes, seus mitos organizadores, seus ideais, seus objetos e tarefas, seus interlocutores e o metaquadro social, institucional e cultural. É o que comprova, por exemplo, o texto de 1982, embora Anzieu não tenha tido ocasião mais tarde de desenvolver trabalhos que levem em consideração o nível específico, como é o da instituição.

Essa marcha de Anzieu e de seus continuadores (no CEFFRAP, evidentemente, e também em outros lugares) se inseriu no contexto socioeconômico e político dos anos 60 até o fim do século passado, complexo e evolutivo, que assistiu por um lado ao nascimento de um número enorme de instituições de regime privado ou associativo (pedagógicas, médicas, médico-sociais), bem como suas evoluções e, para muitas delas, a partida e a mudança de geração de todos ou de quase todos os membros de seus grupos de origem, particularmente seus fundadores, diretores, chefes etc. Por outro lado, as duas últimas décadas foram o momento de evoluções consideráveis das instituições duradouras e, muitas vezes, de grande porte, ligadas às funções do Estado (saúde pública, justiça, educação etc.). Nesses vários desenvolvimentos, as mudanças, às vezes vivenciadas como catastróficas, dizem respeito concomitantemente a evoluções de grande envergadura nas organizações e nos comportamentos sociais, abalando, portanto, o metaquadro transinstitucional

Um dos efeitos dessas condições vem a ser a multiplicação das ocasiões de irrupção de crises grupais nas instituições – foi também o efeito dessa multiplicação a frequência dos recursos à intervenção de um terceiro, recursos dirigidos à instituição do CEFFRAP, além de outras. É, afinal, o efeito da constituição dessa experiência no curso das últimas décadas o fato de contribuir para a evolução de nossa própria instituição, através da ampliação, da complexificação de suas próprias práticas e, à medida do possível, da análise das problemáticas que daí decorrem. Assim, da escuta psicanalítica dos grupos temporários (sensibilização, oficinas de elaboração etc.), praticada já há muito tempo, qual é ainda a pertinência e quais mutações pode-se ainda pensar a partir da experiência do lugar, todavia, muito diferente, para aonde nos chamam as instituições? Por outro lado, como pensar na variabilidade dos dispositivos nas várias instituições, sua correlação relativa, e em torno de quais invariantes? Como abrigar e pensar analiticamente o sofrimento, a cólera, mas também a destrutividade e o masoquismo, em instituições cujos membros se maltratam em seus conflitos grupais, e são assim maltratados, porque estes são acompanhados de reestruturações, carência de postos, denúncias ideológicas dos referenciais de cuidados anteriormente consagrados? Ou ainda: qual é, nessa prática da intervenção, o lugar psíquico mantido pela instituição da qual se origina o próprio interveniente e, a partir daí, como elaborar a problemática da interpretação em relação às repetições em jogo na contratransferência grupal, necessariamente atuando a partir da consideração da procura e da articulação de uma resposta? Como se vê, a intervenção em instituição se apresenta hoje como um canteiro de obras, canteiro que pareceu aos membros do CEFFRAP justificar partilhas e discussões, tanto internas quanto com parceiros, suficientemente exteriores e próximas ao mesmo tempo, para que daí se pudesse deduzir uma elaboração, e tal elaboração se mostrasse coerente com a experiência de uns e de outros neste campo.

O colóquio de outubro de 2006[3] foi o resultado disso, e um novo impulso, permitindo diálogos inesperados a partir de experiências clínicas diferentes, diversificadas, mesmo afastadas daquelas que cons-

---

[3] "L'institution em héritage: transmissions, transformations – Que nous apprennent les interventions des psychaanalystes dans les institutions?", colóquio de 7 de outubro de 2006, em Paris.

tituíam nossa referência até aqui: comprovam-no os capítulos desta obra, que não são "Atas", mas uma obra de direito próprio, cujos autores são, por um lado, diferentes dos que contribuíram para esse colóquio. As páginas seguintes querem, com efeito, atestar também os avanços que esse encontro permitiu: quando se trata, através dos diversos capítulos, de questionar – e, assim, melhor situar – uma clínica analítica e sua elaboração, aqueles numerosos processos envolvidos na "intervenção em instituição", esse questionamento só pode visar a integrar as notáveis diversidades testemunhadas nesse campo.

Diversidades, portanto: aquela das finalidades atribuídas às intervenções consideradas e aquela dos dispositivos explicitados ou evocados; aquela da importância concedida na elaboração a este ou àquele objeto ou a processos psíquicos grupais próprios da instituição em questão e aquela das referências ao metaquadro; aquela da relação ao caráter eventual da crise que se segue à intervenção e aquela da relação com a origem e sua mítica.

Este último aspecto, aliás, vai, com certeza, se estender aos autores destas páginas e a suas relações com o CEFFRAP: alguns dos capítulos aqui apresentados são propostos por colegas nossos vindos de outros horizontes, colegas que caminharam conosco nesses últimos anos e se associaram a este empreendimento. Fique aqui registrado o quanto devemos a essa colaboração.

Em um primeiro capítulo, que de fato constitui como que uma primeira parte da obra, na qual ele dispõe em seu percurso uma série de referenciais teóricos, históricos, metodológicos e técnicos importantes, J.-P. Pinel dá conta das consequências muitas vezes constatadas nas mutações contemporâneas do metaquadro, as quais se associam às reviravoltas e tormentos genealógicos grupais em uma crise global e transversal dos processos da transmissão, como acontece em todas as instituições em um ou outro momento. Em uma categoria particular de instituições – coisa que levaria também a considerar uma problemática diferencial dos laços entre membros da instituição e pessoas acolhidas –, cabe-lhe mostrar que aquilo que poderia tornar-se um desmoronamento é acompanhado por uma verdadeira regressão teórico-clínica da prática institucional. Esta não deixará de repercutir sobre o interveniente, cujo engajamento contratransferencial *ab initio* ele propõe, assim, que se considere: a proposta de um dispositivo só poderá justificar-se com a elaboração desse engajamento. Cada um dando voz a sintomatizações grupais particulares de heranças e de transmissões problemáticas, às vezes destruidoras, reveladas através de uma crise ou de uma série de crises, os quatro capítulos seguintes, que a obra dispõe como uma segunda parte, apresentam e elaboram, cada um seguindo linhas próprias, uma clínica de alguns momentos fecundos de intervenções em instituições muito diferentes: instituições sociais e médico-sociais "clássicas", mas também sociedade psicanalítica e estabelecimentos da educação nacional.

No primeiro capítulo dessa parte, proponho considerar que a temporalidade grupal, vivida na instituição, se formula através das invariantes antropológicas que apreendemos, tanto no fantasma como no mito, com a transmissão e a transformação não constituindo aí exceção: elas são solidárias com a morte, com as vias do luto, com a ambivalência quanto à herança e com os conflitos ligados à sucessão das gerações.

A instituição abriga uma atividade fantasmática (cujo movimento narcísico e autorrepresentativo se vê aqui privilegiado), ordenando-se em torno de um mito originário: o romance familiar de cada um dos sujeitos aí se encaixa, e o investimento narcísico do grupo aí ganha força, pois a mística institucional, através dos movimentos de idealização e de demonização, traduz uma história "humana, demasiado humana", disfarçando-a como "canção de gesta". Assim, ela dá forma ao "contrato narcísico grupal", conceito de R. Kaës trabalhado, segundo diversas vias, ao longo desta obra.

O caráter de eventualidade do grupo institucional é inconscientemente vivido como uma série de repetições e de consequências da gesta fundadora, em uma temporalidade mítica. Metodologicamente, por conseguinte, a escuta analítica dos grupos institucionais parece introduzir, por um lado, a problemática da emergência do mito (*mitopoiese*) cobrindo a história do grupo e, por outro, a problemática dos processos de sua nova emergência no trabalho psíquico grupal com a psicanálise intervindo na instituição; aquela, enfim, da prática institucional, enquanto esta constitui uma ritualização do mito grupal.

Passado ou recente, o desaparecimento do ou dos fundador(es), às vezes simplesmente do chefe, reaviva a crise narcísica grupal, e as representações míticas da grupalidade se tornam outras tantas figuras que reforçam os laços idealizantes. Momentos fecundos de duas intervenções institucionais permitem caracterizar as elaborações e os processos de transformação grupais possíveis de dois destinos diferentes dessa crise narcísica institucional. Fundam igualmente uma reflexão sobre os processos de simbolização, atuando na articulação da temporalidade da própria intervenção e sobre certos elementos estruturais do engajamento psicanalítico do interveniente.

A morte, às vezes a saída, de um fundador mobiliza, portanto, entre os membros da instituição, e isso em condições muitas vezes difíceis, o trabalho do originário no seio do trabalho do luto. A partir dessa diferenciação, vai caminhar R. Kaës ao longo do capítulo seguinte. A análise, à qual ele se entrega, articula três espaços psíquicos: o de cada sujeito na instituição, o dos laços entre eles e com a instituição e o da instituição enquanto conjunto. O interesse dessa abordagem de triplo encaixe consiste, particularmente, em pôr em evidência a relação de apoio que os fiadores metapsíquicos assumem, mesmo sem o sabermos, sobre os fiadores metassociais.

A dificuldade do processo do luto é às vezes tal que se vai à procura de um "interveniente de fora" para trabalhar esse processo: procura de ajuda, de acompanhamento, de perlaboração ou, algumas vezes, espera de uma substituição impossível. Aquilo que é procurado por sujeitos dolorosamente atingidos é complexo e só se revela no curso do próprio movimento da intervenção. R. Kaës propõe a esse respeito diversos casos exemplares, aí também apoiando-se em diferenciações importantes, que frisam a importância do quadro institucional (instituições públicas, associações), a do objeto da instituição (cuidado psíquico, transmissão da psicanálise) e, sem dúvida, a importância dos investimentos recíprocos entre os membros da instituição e a figura do fundador. Trata-se aqui de assinalar como o desaparecimento de um fundador põe em crise os suportes metapsíquicos dos membros da instituição (as alianças fundadoras, os enunciados de certeza, as ilusões nutrícias, os interditos fundamentais etc.) e, em certos casos, os fiadores metassociais da própria instituição (aquilo que funda sua autoridade sobre seu reconhecimento social).

Quando estão abalados os fundamentos nesse duplo nível meta, o trabalho da intervenção revela como funcionam e se articulam os diferentes espaços psíquicos da instituição. A localização desses diferentes espaços e de suas articulações, para que seja possível interpretá-los com os membros da instituição, confronta os membros da instituição com os problemas que lhe são postos pela passagem de geração e pela transmissão da herança.

A. Missenard, no terceiro capítulo, propõe a elaboração atenta e notável dos movimentos narcísicos profundos que perpassam uma intervenção de vários anos, que se configurou como uma "regulação psicanalítica institucional" de longo curso. A dinâmica que aí se desenvolve lhe permite destacar, progressivamente, exemplificados por algumas sessões que aí aparecem como pivôs, diferentes níveis desses movimentos narcísicos: a problemática identificatória, a constituição, a dissolução e a reconstituição do envoltório grupal; as transferências narcísicas também, particularmente naquilo de sua evolução no curso da regulação considerada, drenam consigo o retorno de uma problemática "esquecida" que, pelo que se verifica, contém uma fantasmática originária e destinal da instituição.

L. Michel, no capítulo seguinte, retoma essa experiência, comum a muitos que praticam a intervenção, do "encaixe": encaixe das instituições entre si, dos grupos e das instâncias na instituição; encaixe também das procuras e dos níveis de desdobramento da crise institucional. Encaixe, enfim, da atividade psíquica do analista em seu próprio quadro interno e, relativamente, deste último em suas teorias e suas instituições de referência: um grupo bem pode ocultar outro...

O psicanalista intervém em uma instituição em situações e contextos muito variados: a procura explícita está situada às vezes em um nível "institucional", ao passo que, em outras situações, o analista é solicitado para "supervisionar" ou "animar um grupo analítico" em uma instituição que, nesse caso, permanece como um continente silencioso, influenciando, todavia, as atividades grupais que se desenrolam em seu seio.

Ao se declarar a crise institucional, os diferentes níveis tendem a chocar-se com violência: um grupo interno de uma instituição pode tornar-se o portador de sintomas das dificuldades do conjunto, paralisando o trabalho que ali se desenvolvia. Nesse caso, o analista que intervém nesse grupo deve não só perceber esse movimento, mas também trabalhar a problemática institucional, enquanto esta se desdobra a partir de um "outro grupo". O tempo da procura, o tempo da intervenção, a evolução das procuras ao longo do tempo, a evolução do quadro de referência do interveniente, convém então que sejam repensados.

Já se evocou, acima, a necessidade de diferenciações a serem operadas entre diversos tipos de instituição. F. Giust-Desprairies se propôs, no quinto capítulo, interrogar o atual sofrimento dos professores, na e pela Instituição escolar, a partir de uma reflexão sobre as significações institucionais, e isto à medida que elas informam sobre as transformações e os desafios psíquicos e sociais tangentes à questão da formação dos indivíduos como processo de socialização e de transmissão: que espécie de fundação identificante para membros dessa imensa instituição seria a mítica da Escola da República?

Em uma escuta clínica que conserva uma forte referência aos objetos sociais e societais, aborda-se a questão da transmissão e da herança da instituição e dentro da instituição: trata-se aqui de mostrar como certos traços culturais dominantes do sistema escolar, em suas relações com o mito da Escola republicana, estão ligados a uma problemática do laço intersubjetivo e às formas da prática que sustentam esse laço.

Outro horizonte institucional, outra clínica e outro dispositivo: aquele que a autora utiliza está centrado nos relatos escolares e profissionais de professores, dispositivo escolhido para abordar, com eles, a crise identitária profissional pela qual atravessam. Essa crise continua sendo aquela do sujeito na Instituição: é analisada, então, como crise dos processos identificatórios, fragilização dos laços que se haviam estabelecido entre interioridade psíquica e significações sociais imaginárias, estas sustentadas pela Instituição através de seu fundamento mítico e dos valores que promove.

O último capítulo, que por si só constitui a parte final deste livro – e não conclusiva! –, é uma proposta, a quatro vozes (A.-M. Blanchard, M. Claquin, M. Pichon e J. Villier), de inegável caráter inovador: trata-se de explicitar os movimentos e representações em jogo na gênese de um processo grupal de elaboração de uma problemática institucional, nomeadamente aquela da circulação fantasmática ligada à oferta e à procura.

A partir de uma proposta muito particular (o pedido do grupo-instituição CEFFRAP a seus membros para que participassem na oferta do colóquio de 2006), os autores se interrogaram sobre todas as circunstâncias da apropriação intersubjetiva de uma procura e das transformações psíquicas que ela implica. Praticaram essa tentativa por sua própria conta e, ao mesmo tempo, em perspectiva com a posição em jogo (no duplo sentido de uma simulação de inspiração psicodramática e do trabalho das articulações de seu resultado) de uma situação de procura institucional feita ao CEFFRAP.

A elaboração de seu projeto e de sua realização tem por sustentáculo os conceitos de aprendizagem pela experiência relacional de Bion e de interligação na reciprocidade do vínculo, desenvolvido por O. Avron, levando-os a destacar o lugar fantasmático daquele que procura e o lugar do respondente na intervenção em instituição de um interveniente analista exterior, bem como a conjunção dialeticamente articulada entre as duas posições. A partir daí, abrem-se perspectivas quanto aos processos de transmissão e de formação também, outra modalidade do legado e da herança.

Sob certos aspectos, e particularmente sob a integração dos movimentos inconscientes intersubjetivos e grupais que constituirão um dos últimos planos da intervenção futura, essa contribuição tende a ilustrar aquilo que pode ser uma pesquisa autenticamente psicanalítica. Parece-me bem-vindo que, ao termo desta obra, as implicações metodológicas que a caracterizam sublinhem todo o não acontecido, chances e riscos, da marcha, em parte enigmática, que continua sendo a intervenção do psicanalista na instituição.

Capítulo I

A construção do dispositivo de intervenção à prova das mutações institucionais contemporâneas

Jean-Pierre Pinel

Minha exposição tem por objetivo explorar algumas questões clínicas atuais, associadas à construção e à aplicação de um dispositivo de intervenção em uma instituição. Este texto se limitará a considerar o campo das intervenções efetuadas em instituições especializadas. Ou seja, os serviços e estabelecimentos cuja missão é aportar um cuidado e/ou acompanhamento sócioeducativo junto a sujeitos que apresentam uma forma de sofrimento psíquico, de psicopatologia, de desvio, de desadaptação social ou de antissocialidade. Sujeitos que entram no campo daquilo que Alain-Noël Henri designou pelo termo genérico de "desinscrição" (Henri, 2004).

Esses estabelecimentos ou serviços constituem conjuntos intersubjetivos, cujos modos de funcionamento são extremamente elaborados e que ocultam, ao mesmo tempo, uma fragilidade fundamental e essencial. Essa fragilidade de fundo – correlativa a uma suficiente sensibilidade à vida psíquica do outro e dos outros – é inerente ao exercício da tarefa primária: ela constitui uma condição necessária à manutenção e ao revigoramento do trabalho psíquico e dos processos de pensamento. Paralelamente, essa fragilidade se acha fundamentalmente ligada ao lugar ocupado por esses estabelecimentos ou serviços no limite do tecido institucional, formando o quadro cultural de nossa civilização contemporânea. Designadas para uma posição intermediária, destinadas a exercerem uma função de articulação na desinscrição, devem participar na tarefa de recompor o tecido dos laços sociais e simbólicos impedidos, atacados ou rompidos.

Para sustentar um processo de restauração do tecido da trama simbólica e escorar os processos de ligação, as equipes institucionais devem inscrever-se no coração das conflitividades mais agudas, confrontar-se, sem cessar, a partir de dentro, com as diversas expressões do rompimento e da destrutividade. Devem também acolher e conter desesperanças e violências deformadoras, potencialmente desorganizadoras. Simultaneamente, devem desprender-se do fascínio pelo horror e da aspiração a constituir um duplo narcísico, repetindo de modo idêntico (M'Uzan, 1969) a problemática dos sujeitos acolhidos. Para suportar esses movimentos psíquicos arcaicos e violentos, as equipes institucionais vão se constituir em uma forma de paradoxo de fundo, mais ou menos simbolizado, que une suficiente maleabilidade (Roussillon, 1991) a uma firmeza posicional capaz de permitir restabelecer uma separação, sem cessar corroída. Cabe-lhes reelaborar de forma reiterada diferenciações simbolizadoras, danificadas, desqualificadas ou negadas pelos pacientes e, às vezes, pelos profissionais.

O controle dessas vulnerabilidades de fundo e a manutenção de uma posição articular dependem da instauração e da fecundidade dos dispositivos grupais de metabolização: de suas capacidades para resgatar e transformar os efeitos dissociativos ou perturbadores que atravessam os diferentes espaços e instâncias institucionais. Ora, em certas condições, esses dispositivos não podem retratar o conjunto dos materiais psíquicos projetados, depostos ou injetados na psique dos profissionais, nos sistemas de laços, bem como no quadro institucional. Assim como o protista freudiano, os profissionais, a equipe ou o conjunto da instituição vão ser periodicamente ultrapassados, atacados, "intoxicados" pelos mecanismos patológicos associados às diferentes formas de desinscrição.

As buscas de intervenções em instituições

As procuras por intervenção em instituição especializada têm sua origem, portanto, em primeiro lugar, nessas diferentes ultrapassagens. Elas transitam por uma percepção e uma elaboração prévias, suficientemente compartilhadas, dos limites encontrados no trabalho psíquico de desintoxicação e de metabolização, necessário para o cumprimento da tarefa primária. Essa percepção se associa classicamente a três grandes tipos de configurações clínicas e, por conseguinte, de procuras de intervenção potencial.

Por um lado, são as dificuldades, os obstáculos ou até os impasses, encontrados na clínica direta, que mobilizam formas de sofrimentos psíquicos mais ou menos agudos, mais ou menos identificáveis e representáveis. Os profissionais dessas instituições cuidadoras são convocados para conter experiências emocionais extremas, para abrigar fantasmas duros e violentos que produzem arrombamentos de suas paraexcitações, curtos circuitos de seu "aparelho de pensar os pensamentos" (Bion), aturdimentos interativos, de valor, às vezes, propriamente traumático. Esses profissionais se acham, assim, confrontados com movimentos psíquicos violentos, caóticos, perturbadores e esterilizantes que vão aliar-se a um ataque dos processos de pensamento e elaboração grupais, a um esgotamento das criatividades singulares e coletivas. Os ataques do pensamento e da ligação, os funcionamentos atuantes, as respostas operatórias, as canalizações interativas marcam a invasão e a imobilização da mentalização de cada um e de todos. Mas isso acaba também significando o declínio da fecundidade dos dispositivos de análise clínica de segundo nível, como os grupos clínicos, as reuniões de síntese, os estudos de casos...

Algumas expressões patológicas, particularmente aquelas dos sujeitos antissociais, violentos, sem limites – aqueles que se convencionou caracterizar como "casos difíceis" –, vão suscitar a representação de uma ocasião perigosa ou mesmo ameaça de fracasso das funções cuidadoras do pessoal da equipe instituída. Essa representação contribui para afetar os ideais e as identificações profissionais dos membros dessa equipe: ela abala o narcisismo do grupo cuidador. Trata-se aí de uma fonte essencial dos pedidos de intervenção dirigidos a um terceiro que vem de fora. Vão essencialmente formular-se em termos de análise da prática, de Balint (1966) ou de supervisão.

Em um segundo tipo de configuração, dissensões profundas, rivalidades de poder, antagonismos teóricos ou ideológicos, mas igualmente feridas narcísicas, traumas e perdas não elaboradas, geram o desenvolvimento de uma patologia dos laços de equipe, que se traduz por uma incapacidade de cooperar e colaborar. Os profissionais não conseguem, tampouco, se constituir como um grupo de trabalho no sentido de Bion (1961). Não podem, ao mesmo tempo, elaborar e implementar projetos e dispositivos de cuidado suficientemente coerentes, dotados de finalidades e de significações partilhadas. As instâncias de reunificação do material clínico e de elaboração coletiva são parasitadas, imobilizadas e atacadas pelos antagonismos, pelas desqualificações, pelos ataques narcísicos, coisa que sem dúvida vai suscitar certas formas de sofrimento, associadas aos rompimentos dos sistemas de laços. Pede-se aqui a intervenção de um profissional para favorecer a reelaboração de laços de equipe mais vivos, mais cooperativos e criativos. Nessas configurações, a oferta de um dispositivo de intervenção se formula essencialmente em termos de regulação de equipe.

Em uma terceira modalidade de configuração, a instituição é atravessada por uma crise que atinge o seu quadro, seus fundamentos imaginários e simbólicos. Os valores, os ideais, os projetos, as modalidades de funcionamento e de organização se veem atacados ou esvaziados de suas significações. É a estrutura do conjunto que precisa ser coletivamente trabalhada e reelaborada. Aqui é, todavia, necessário distinguir: os momentos de amadurecimento e de mutação, os episódios críticos pontuais e as patologias institucionais de longa duração.[4]

Por ocasião dos encontros preliminares, as procuras enunciadas pelos profissionais vão, a partir daí, reduzir-se essencialmente a três formulações principais:

– *primo:* a ajuda para a elaboração das práticas, particularmente no que se refere aos casos difíceis, o que pode gerar a tentação de instaurar diretamente um dispositivo de análise da prática ou de supervisão;

– *secundo:* o apelo a um terceiro, a fim de favorecer a análise e a elaboração de uma patologia dos laços de equipe, o que pode empenhar o analista a propor uma regulação de equipe;

– enfim, o apelo ao controle e à elaboração de uma situação de crise institucional. Essa procura impõe que se coloque em ação um dispositivo de análise do quadro institucional, que transita fundamentalmente pelo novo impulso dado a um processo de historicização. Processo geralmente congelado, pois drasticamente contrainvestido ou sofrendo verdadeira tentativa de erradicação. A retomada de uma dinâmica mais criativa supõe a elaboração de certos elementos firmemente assentados na fundação da instituição, dependendo de confusões e de negações, elementos geralmente tomados nos sistemas e nos ideais, nos mitos e na fantasmática originária.

---

[4] Pode-se, aliás, pensar que as instituições mais profundamente tomadas pela patologia são as que edificaram um sistema de defesas tão fechado, que não podem encarar a possibilidade de recorrer a uma intervenção externa. Ignorando ou negando drasticamente o seu funcionamento patológico, elas vão se mostrar impenetráveis. A duração dessas defesas torna a instituição inutilizável para os pacientes. As resistências coletivas se traduzem, particularmente, por um aumento das exclusões e um recurso maciço às prescrições medicamentosas, para apagar as expressões do sofrimento psíquico.

Transgressões, ataques e tentativas de homogeneização do dispositivo de intervenção

A construção do dispositivo de intervenção procede de um recorte e de uma delimitação de um registro da realidade psíquica da instituição. Isto quer dizer que a instauração de um dispositivo de intervenção supõe separar uma parte dessa realidade psíquica institucional e, por conseguinte, inscrever uma ausência, uma delimitação que produz um resto. Essa diferenciação dos espaços psíquicos e a criação de uma moldura protetora e limitante vão constituir as operações principais do revigoramento do trabalho psíquico coletivo.

No entanto, depois de se ter instaurado o dispositivo, pode-se muitas vezes assinalar certos movimentos de transgressão ou de ataques. Parece que aqui é necessário distinguir diferentes configurações clínicas. Vou limitar-me a caracterizá-las sucintamente, reservando um desenvolvimento mais amplo para analisar uma forma singular de pôr à prova o dispositivo de intervenção, que designarei como uma tentativa de homogeneização confusional.

Certas transgressões das regras são mais especificamente detectáveis nas intervenções do tipo: análise da prática ou supervisão. Elas resultam de defesas e de resistências narcísicas pessoais e grupais a expor e a analisar as dificuldades e as áreas de vulnerabilidade profissional. Queixas coletivas, difusas, flutuantes, são enunciadas e referidas a uma certa insuficiência do quadro institucional, falta de confiabilidade dos dirigentes ou incoerências das tutelas. Essas manifestações de resistência vão ceder pouco a pouco, uma vez que sejam analisadas e que o interveniente tenha conseguido garantir os limites de um dispositivo protetor do narcisismo de cada um. Essencialmente restringindo o conteúdo das partilhas aos campos e às identidades profissionais, quando o quadro houver mostrado que ele eliminava aquilo que Georges Gaillard (2001) designava como "desqualificações assassinas da profissionalidade", é que se poderá instaurar um processo, tal que cada um se autorizará a se empenhar em uma forma de desvelamento, a consentir em evocar seus modos de investimento, suas interrogações e suas regiões de sombra.

Outros recortes do quadro estão mais particularmente associados às regulações de equipe e às análises da estrutura institucional. Estas dependem daquilo que André Sirota analisou como "um ataque inicial do quadro" (Sirota, 2006). A qualificação sistemática desses ataques e o recurso a intervenções de demarcação vão, nos casos favoráveis, sustentar uma modificação da economia grupal, tal que o conjunto se autorizará a retomar e a ultrapassar a destrutividade atuante.

Há situações em que, quando o interveniente houver instaurado, com o assentimento explícito dos membros da equipe instituída, um ou outro dos dispositivos já citados, a clínica mostra claramente, e isto cada vez mais frequentemente em minha experiência atual, que os registros previamente descartados vão retornar de maneira totalmente caótica.[5] Enquanto um dispositivo preciso parece firmemente aceito e mesmo instaurado, surgem rupturas de planos e de registros entre aquilo que depende do funcionamento da equipe, do quadro institucional, e o que é mobilizado pela prática direta. O interveniente é testemunha de uma desdiferenciação que afeta o quadro institucional, e isto não se dá sem interrogar a pertinência do dispositivo proposto e, simultaneamente, mobilizar poderosamente a sua coontratransferência. Essa tomada contratransferencial se estabelece na confusão e no ataque das capacidades de ligação.

A desorganização profunda, o funcionamento caótico e a desdiferenciação maciça que atravessam o espaço institucional se associam a uma ruptura catastrófica da trama temporal. Ao que parece, uma

---

[5] Convém, aqui, distinguir as interferências entre os planos das desdiferenciações caóticas profundas. As primeiras procedem de movimentos psíquicos localizados, pontuais, associados particularmente à admissão de um paciente no atuar (Pinel, 2007), ao passo que as desdiferenciações evocadas aqui resultam de um desmoronamento da estrutura institucional.

descontinuidade brutal afetou o conjunto das instâncias e dos registros institucionais.

Se a desorganização se manifesta, às vezes, logo de saída, nas conversações que precedem a instauração do dispositivo, há casos em que ela não se revela em toda a sua amplitude, a não ser no decurso das primeiras sessões de trabalho. Nesta configuração, o próprio interveniente se encontra, em um segundo tempo, frontalmente deslocado ou convocado a ultrapassar os limites que fixou. No entanto, quer se manifestem logo de saída quer posteriormente, essas desorganizações institucionais geram uma forma de impasse para o interveniente: as coordenadas de seu quadro de trabalho e as condições de sua escuta se acham abaladas ou paralisadas.

Clinicamente, essas constelações clínicas estão ligadas a uma ruptura da trama institucional, por ocasião da saída brutal de um fundador ou de um grupo associado à fundação. Além das condições manifestadas pela perda do fundador (por demissão, morte ou, mais raramente, por aposentadoria), o que provoca um buraco na trama temporal é o fato de que a perda vem, de certo modo, arruinar uma história heroica, engrandecida ou idealizada. Esse desmoronamento, que deve com urgência ser remediado, é transmitido ao interveniente, que se vê convocado a restabelecer um quadro de base, a recriar valores compartilhados e, às vezes, intimado a revivificar o mito fundador. Ele é, de certo maneira, convocado a assumir o lugar da fundação ou do fundador desaparecido e, ao mesmo tempo, aceitar a negação da perda, participando, assim, na abolição do passado e das perdas. Tudo se passa como se os profissionais transmitissem diretamente ao interveniente uma experiência de caos associada a uma abolição das diferenças e dos limites instituídos. Se essas situações clínicas, que sempre constituem um teste e um enigma, convocam o interveniente nos planos teórico, metodológico e clínico, solicitam fundamentalmente a sua contratransferência.

A pregnância daquilo que vale pelo menos como manifestação clínica extrema convidou-me a retomar certos elementos envolvidos nessas crises de estrutura. Observações semelhantes, constatadas por ocasião de intervenções efetuadas em certos institutos terapêuticos, educacionais e pedagógicos, em lares de acolhida e centros de crise para adolescentes, mas também em diversos serviços de psiquiatria, parecem indicar que essas crises de estrutura são provavelmente transversais, e atualmente afetam muitas instituições especializadas. Essas instituições especializadas, cuja tarefa primária coloca os profissionais diante de formas severas de desinscrição, parecem assim confrontadas com uma comoção de seu quadro interno.

Da desdiferenciação ao apagamento coletivo das teorizações do processo institucional

As instituições cuidadoras, que passam atualmente por uma desorganização estrutural, são arrastadas em um processo de regressão generalizada. Essa regressão vem acompanhada de uma forma singular de desligamento: um desligamento teórico-clínico dos laços. Daí resulta um enfraquecimento das elaborações coletivas, que se manifesta por uma imobilização das capacidades de devaneio, um bloqueio dos processos associativos e mesmo uma forma de sideração coletiva. Mediante o jogo dos processos transferenciais e contratransferenciais, essas imobilizações, essas siderações, essas regressões teóricas vão ser transmitidas ao interveniente e, progressivamente, afetar seu grupo de pertença institucional.[6] Daí ocorre a emergência de tensões e conflitos, de debates que vão recobrir, em larga escala, as elaborações teóricas que demarcam a história das discussões efetuadas pelos pesquisadores que fixaram por objeto a análise dos processos institucionais.

---

[6] Efetuar uma intervenção em instituições supõe sempre a referência a um grupo instituído e, às vezes, até a presença efetiva de vários intervenientes. A recomposição e a elaboração dos movimentos transferenciais e contratransferenciais transitam por uma instância grupal e institucional, permitindo, assim, de modo particular, tratar aquilo que sofreu uma difração no interveniente no decurso das sessões.

A proposta que eu gostaria de desenvolver aqui pode ser formulada da seguinte maneira: o interveniente e sua associação de pertença são convocados a compartilharem a regressão teórica sofrida pelos membros da instituição e a se desligarem dela, para de novo esboçarem um processo de pensamento e, mais particularmente, remendarem um modo de inteligibilidade dos processos institucionais.

Tudo acontece como se fosse necessário para o interveniente (e sua instituição) recriar interiormente uma historicidade teórico-clínica, teoricamente abolida pela violência das rupturas contemporâneas que afetam as instituições especializadas. Foi-me, assim, necessário exumar certos trabalhos fundadores, retomar a história dos modelos de compreensão dos processos institucionais e, de novo, me ligar aos trabalhos de pioneiros como A. H. Stanton e M. S. Schwartz (1954), P. -C. Racamier (1983) e J. Bleger (1970), e isto ao ensejo de cada intervenção mobilizadora dessas formas de desdiferenciação. Esse percurso teórico-clínico, retomado muitas vezes, cada vez foi experimentado em uma forma de redescobrimento e de frescor que me parece revelar a intensidade dos apagamentos produzidos por essas situações clínicas extremas.

Aqui me parece necessário, portanto, retomar os fios dessa história teórico-clínica e restituir-lhe os elementos essenciais a partir especialmente dos trabalhos de A. H. Stanton e M. S. Schwartz. Psicanalistas e psicossociólogos do Hospital Psiquiátrico de Chestnut Lodge, nos EUA, deram, a partir dos anos 40, uma inteligibilidade a certos processos psíquicos fundamentais que se desenvolvem nas instituições cuidadoras. Essas observações e suas retomadas teorizantes inscreveram uma verdadeira ruptura epistemológica no campo da clínica das instituições cuidadoras. A. H. Stanton e M. S. Schwartz mostraram, particularmente, e isto de maneira completamente consistente, a necessidade de se adotar um ponto de vista plurissubjetivo e grupal para resgatar a dinâmica dos processos institucionais. Os autores participaram amplamente no desenvolvimento de uma conceitualização que se descentra de um ponto de vista solipsista, focalizado unicamente na organização psíquica interna e na psicopatologia do paciente, como também de um ponto de vista limitado a uma perspectiva institucionalista.

Vou lembrar aqui, de maneira sintética, aquilo que se caracteriza pelo termo de "efeito Stanton-Schwartz", indicando que se trata, sob muitos aspectos, de uma verdadeira lei organizadora dos processos inconscientes desenvolvidos nas instituições de cuidados. Esses dois pesquisadores, portanto, identificaram, definiram e analisaram um mecanismo que designaram como sendo uma estrutura de imagem especular (*mirror-image structure*). Essa teoria vem recusar as concepções mais difundidas da instituição, como, por outro lado, aquelas relativas aos pacientes, considerando-as como unidades homogêneas. Esse conceito vai fundamentar os mecanismos que se designam, a partir daí, pelos termos: eco, reverberação, repercussão ou ressonância patológica. Esse modelo põe ênfase nas conflitividades intersubjetivas inerentes ao funcionamento psíquico dos sujeitos singulares, como também àquelas dos conjuntos instituídos. O "efeito Stanton-Schwartz" repousa sobre a observação de uma situação clínica fundamental em que um mesmo paciente suscita entre os membros da equipe instituída movimentos psíquicos, modalidades de investimento, contra-atitudes diversas, na maioria das vezes conflituosas, ou até antagonistas ou paradoxais.

Esses movimentos psíquicos vão gerar uma configuração tripolar que tem o paciente como o vetor e o desafio. Dois profissionais seguindo, na maior parte do tempo, dois subgrupos, ou até dois serviços, postos em relação por um mesmo paciente, vão progressivamente constituir-se em uma oposição surda ou estridente, adotando contra-atitudes diferentes, em um antagonismo completamente declarado. Essas oposições se associam a diagnósticos, a projetos terapêuticos, a indicações de tratamento e a modos de intervenção radicalmente divergentes.

O conflito, embora geralmente percebido e sentido pelos protagonistas, desenvolve-se em uma forma de minoração, desaprovação ou segredo mútuos. O antagonismo vai progressivamente estender-se, vai tomar a forma de uma rivalidade narcísica, de um confronto de onipotência, e vai mobilizar o desejo, mais ou menos exacerbado, em fazer prevalecer seu ponto de vista, sua teoria, seu método, sua técnica em relação ao outro: profissionais, subgrupos, serviços ou estabelecimentos. À medida que aumenta o desacordo, o paciente vai apresentar um agravamento de sua patologia, podendo a desorganização desembocar em uma verdadeira descompensação mortífera.

Em contrapartida, assim que os termos do antagonismo – e as singularidades da configuração de laços a este associados – podem ser evocados, elaborados, tratados e superados grupalmente, o paciente se reorganiza e investe de novo os dispositivos terapêuticos, sem que seja útil ou necessário lhe restituir verbalmente algum elemento desse processo. A. H. Stanton e M. S. Schwartz mostraram que não se trata aí de uma configuração excepcional, mas, ao contrário, de uma situação clínica, ordinária, essencial, que se pode detectar muito regularmente nas instituições confrontadas com sujeitos que apresentam graves perturbações da subjetivação e patologias da simbolização primária.

Durante os anos 70 e 80, P. -C. Racamier (1983) voltou a abordar essa questão e aprofundou a análise. Ele mostrou que os antagonismos que atravessam a equipe são exatamente homólogos ao conflito inconsciente e clivado que anima o paciente. Este último encontra na instituição, como num espelho, seu próprio dilaceramento interior. Daí resultam reverberações e potencializações psicopatológicas que se encadeiam em uma causação circular. P.-C. Racamier sublinhou outro aspecto – verdadeiramente fundamental – associado ao "efeito Stanton-Schwartz", a saber, que os antagonismos se desenvolvem sempre segundo linhas de falhas anteriores, conflitos implícitos ou desconhecidos, zonas de conflitos interpessoais, grupais ou institucionais que estavam até então mascarados, submetidos à negação ou contidos de maneira instável e precária.

Os conflitos, as dissensões, os movimentos de cisão, a formação de clãs respondem muito diretamente à "projeção cisional" (Racamier). Eles se potencializam na equipe – em dupla e em eco – com a psicopatologia central dos pacientes acolhidos. Os mecanismo de cisão vêm, por exemplo, responder aos conteúdos da projeção cisional e à clivagem patológica organizadora do funcionamento psíquico de certos sujeitos. Esses pacientes, pelas características de sua conflitividade e das configurações fantasmáticas a elas ligadas, vão, assim, ao mesmo tempo, exteriorizar sua tópica interna e desvelar entrelaçamentos inconscientes em relação com os "pactos denegativos" (Kaës, 1989, 1992) ou com a "comunidade de negações" (Fain, Braunsxhweig, 1975). Nisso vão mobilizar poderosamente o jogo dos investimentos e dos contrainvestimentos e solicitar jogadas apaixonadas e dilacerantes.

Os trabalhos oriundos da psicanálise dos grupos e dos conjuntos intersubjetivos me permitiram prolongar a análise, mostrando que o paciente procede de modo semelhante – paralelamente a uma "topização externa" (Guillaumin, 1992) – a uma difração de seus grupos internos, exportando seus conflitos não mentalizados e seus fantasmas arcaicos para a psique dos cuidadores e/ou para os sistemas de laços grupais e institucionais (Pinel, 1996, 1999). O paciente tenta, assim, encontrar no conjunto institucional um lugar de acolhida para abrigar e metabolizar as patologias de seu aparelho psíquico e se fazer tratar pelo lado de fora certas configurações de laços incorporados. Nesse movimento de exportação e difração, o paciente faz explodir os pactos denegativos e as comunidades de negações. Simultaneamente, ele vai, ao selar certas alianças inconscientes patológicas, nas quais sua própria patologia permite a uma parte da equipe atacar o pensamento e os laços, sustentar uma destrutividade inconsciente partilhada.

Na ausência de uma elaboração permanente e aprofundada desses mecanismos, os antagonismos, a formação de clãs, as relações de dominação, os confrontos de onipotência narcísica vão, ao mesmo tempo, exacerbar-se e sedimentar-se ao separarem-se de suas fontes clínicas.

Esses mecanismos de desligamento vão inscrever-se no quadro institucional, afetando profundamente a economia, a tópica e a dinâmica institucional. Pode-se então observar a irrupção de uma crise e uma deserção das instâncias de elaboração coletiva, gerando uma progressiva dissolução das funções de metabolização e da criação de significações compartilhadas. Ficam abolidas as capacidades de interpretação, dando lugar a um funcionamento meramente operatório, situado em perfeita congruência com as lógicas de cálculo e de gestão contemporâneas. Assim, a meu ver, é que se pode compreender a fórmula de José Bleger (1970), segundo a qual "as instituições cuidadoras tendem a funcionar da mesma maneira que o problema que estão encarregadas de tratar".

Crise da transmissão e mutações que afetam o último plano das instituições cuidadoras: o desmoronamento dos valores instituintes e dos mitos fundadores

Constata-se que essas teorizações, todavia amplamente difundidas na França já faz muitos anos, apresentam a característica de serem desconhecidas pela maior parte das instituições cuidadoras em que pude intervir ultimamente. Quer se trate de estabelecimentos sociais ou médico-sociais, de lares de acolhida para sujeitos excluídos ou mesmo de serviços de psiquiatria, eu me vi diante de uma forma de desaprovação ou de aparente ignorância, no que tange a esses mecanismos de ressonância patológica que provocam certamente um profundo questionamento. Como compreender a amplidão desses desconhecimentos compartilhados e que vêm questionar a construção do dispositivo de intervenção? Como resgatar o emaranhado dessas regressões institucionais e grupais, teóricas e clínicas?

A proposta que eu gostaria de submeter a debate é a seguinte: as instituições cuidadoras são atualmente atravessadas por uma crise profunda, em que se embatem com violência mutações externas que afetam aquilo que René Kaës (1996, 2007) designa como os "suportes metapsíquicos do metaquadro social e cultural e das perturbações internas" em uma simultaneidade que produz uma forma de colapso da tópica institucional.[7] As mutações e as pressões externas provêm, ao mesmo tempo, das tutelas com os imperativos de rentabilidade econômicos e com a precarização que daí decorrem, mas também de mutações culturais transversais, impondo modelos de funcionamento sob urgência, normas de objetivação e de quantificação, de cálculo e de eficácia imediata. Esses procedimentos contribuem para atacar o pensamento e desqualificar o trabalho clínico, para desencadear movimentos violentos de atração--repulsão, que tendem a gerar um abandono de pensamento, uma submissão a esse objeto brilhante e duro constituído, assim, como uma figura da onipotência. A análise desses movimentos psíquicos ambíguos – e singularmente dos conchavos inconscientes que participam na fixação dos processos de pensamento – permite um descolamento, um desligamento parcial.

A elaboração das angústias primitivas, persecutórias ou depressivas, associadas a isso, favorece o engajamento de modos de relação mais distanciados face a essas técnicas. Esse processo de elaboração, todavia, repousa sobre um reconhecimento prévio, assinalado explicitamente pelo interveniente, dos efeitos alienantes, nocivos e, potencialmente, dessimbolizantes dessas técnicas exclusivamente operatórias.

Paralelamente, se assiste a formação de uma crise da estrutura institucional, fundada sobre a verticalidade e sucessão das gerações, inscrita em uma fundação que dá origem aos processos de institucionalização e simbolização. A saída de uma geração de profissionais, participantes da fundação dessas instituições nos anos 60 e 70, causa atualmente uma ruptura, produzindo um efeito de arrombamento na trama institucional.

---

[7] Tomo emprestado esse termo, "colapso tópico", de Claude Janin (1999), em uma acepção mais ampla aplicada ao espaço e às instâncias institucionais.

Enfim, a expansão hipermoderna do individualismo, recusando a preeminência do coletivo, contribui para atacar os laços e desfazer os espaços destinados a sustentar a grupalidade. As instâncias de elaboração coletiva se encontram assim, muitas vezes, deslegitimadas.

A conjunção desses diferentes elementos sustenta as defesas narcísicas que presidem a rejeição da dívida e da história. Daí resulta uma economia institucional a privilegiar uma horizontalidade e um imediatismo que fortalecem os funcionamentos de urgência e de reação. Esses mecanismos se desenvolvem em detrimento do tempo da elaboração clínica e da historicização. As consequências disso são particularmente uma alternância de idealização melancólica do passado e uma tentativa de apagamento dos legados oriundos da geração precedente. Aqui se observa uma forma de reduplicação do assassinato dos fundadores e, por conseguinte, da fundação, de onde decorre um apagamento da origem. A prevalência de um fantasma de autogeração, desembocando na onipotência, vai se alternar com momentos mortíferos de aniquilação, dos quais procedem os funcionamentos caóticos diagnosticados na cena institucional.

Para concluir brevemente, acrescentarei que essas transformações profundas do quadro institucional vêm questionar nossos quadros internos e nossos modos de intervenção. Por isso, fui levado a revisitar certas concepções teóricas e metodológicas até então bem assentadas. Uma das consequências dessa revisão metodológica me motivou propor, nessas situações de confusão e de caos institucionais, um dispositivo de intervenção em dois tempos.

Em um primeiro tempo, que eu qualifico como tempo de escuta institucional, proponho um dispositivo cujos parâmetros e cujas regras de funcionamento são extremamente simples, limitados ao estabelecimento de uma instância de trabalho coletivo, destinada a enunciar e identificar as situações institucionais que provocam dificuldades ou sofrimentos.

Esse dispositivo, que pode ser levado adiante durante um período bastante longo, às vezes durante mais de um ano, reúne o conjunto dos membros da instituição desejosos de comprometer-se com ele: quadros e pessoal do atendimento. Esse dispositivo dá novo apoio à grupalidade e aos processos de ligação. Permite, ao mesmo tempo, empenhar progressivamente uma primeira reunificação e rearticulação de elementos até ali cindidos ou fragmentados e manter um movimento de rediferenciação dos registros e dos planos da realidade institucional. Simultaneamente, autoriza a abertura do campo das associações aos laços entre as características da patologia acolhida e os mal-estares, as discórdias, as violências e os movimentos cisionais e clânicos que atravessam as instâncias grupais e institucionais. Permite reunificar aquilo que foi separado, religar as reverberações psicopatológicas a certas alianças inconscientes.

Este novo impulso ao copensamento é acompanhado por um reinvestimento da clínica. Supõe, para o interveniente, que ele contenha interiormente esses diferentes materiais, os metabolize, os diferencie sem confundi-los nem clivá-los e proponha algumas construções significantes, essencialmente historicizantes, tornando a instaurar para cada um e para o conjunto um espaço psíquico para interrogar a genealogia, a figura dos fundadores e da fundação.

Os movimentos transferenciais, iniciados nesse primeiro tempo de escuta institucional, permitirão abrir espaço, em um segundo tempo, para a proposta de um dispositivo de intervenção mais preciso, tendo por base um recorte organizador de um plano da realidade institucional. Uma pausa, um intervalo, intervirá entre esses dois tempos. A este propósito, cabe sublinhar que a aplicação de um dispositivo mais circunscrito poderá ser eventualmente dirigida por outro interveniente.

Nesse processo em dois tempos, percebe-se que são as equipes instituídas que, então, poderão redescobrir, através de suas próprias elaborações, as funções simbolizantes de um enquadramento. Nesse momento, o recorte inscrito no dispositivo instaura uma ausência que pode ser considerada pelos profissionais como necessária para a simbolização.

Capítulo 2

A instituição:
temporalidade e mítica

Olivier Nicolle

O senso comum, tal como a fenomenologia e a psicanálise, mostra como, para o sujeito, a contagem e a medida do "tempo que passa" constituem sempre uma tentativa de objetivação das representações psíquicas que constroem uma temporalidade privada, um tempo vivido ao ritmo dos ecos das identificações de cada um, identificações conscientes por um lado, mas sobretudo inconscientes. Estas, e os laços entre elas, constituem sua grupologia interna, para retomar aqui o termo, muito bem achado, de Anzieu. Essa arquitetura grupológica se fundamenta, essencialmente, no *initium* de cada um e na epopeia inaugural de sua vida. O tempo vivido e projetado de cada um se estrutura, assim, em torno de uma matéria memorial e fantasmática, cujas arestas são outros tantos universais antropológicos. O início e o fim são, antes de tudo, o nascimento e a morte. A precessão e a sucessão constituem, sobretudo, outra referência, aquela das gerações ou do grau de nascimento; a inovação é sempre, em primeiro lugar, uma procriação, e a transformação se ordena antes de tudo à do próprio corpo: puberdade, gravidez, envelhecimento. A hora da transmissão é sempre aquela de uma herança, isto é, ela chama cada um à inelutabilidade da morte, aos pavores que nos fazem negá-la e às recordações de alguém que desapareceu.

A tarefa dos mitos

Além do romance familiar (cabe aqui recordar a expressão de Lacan: "o mito individual do neurótico"), e incluindo familiar antes de ser grupal, o mito se desdobra em cada um. Parcialmente transmitido, em grande parte construído/reconstruído pelo sujeito, que encontra no mito, *a priori*, as representações da causalidade de suas vivências e de suas obras, e também as representações que dão de seus laços com uma pluralidade de outros sujeitos. Esses laços e esses sujeitos, ele os identifica, assim, na mesma fonte, no mesmo momento em que os introjeta, quando "eles, aqueles, esse pessoal" se tornam "meu grupo", minha instituição, minha sociedade.

Como já se sabe, a partir de Freud (1913, 1939) e a seguir Roheim (1922), e a partir dos trabalhos de autores contemporâneos como Valabrega (1967, 1992, 2006), mito do grupo e fantasma do sujeito são, no fundo, uma única e mesma matéria significante, cujos discursos, por outro lado a serem diferenciados, permanecem em estreita relação: a do distanciamento marcado em geral por todos os movimentos de regresso/inversão possíveis. A escuta dos grupos reintroduz, portanto, a nosso ver, a problemática do mito e dos processos de sua emergência, e também aquela dos processos de sua reemergência no seio do trabalho do analista com o grupo institucional.

A trama mítica, com efeito, realiza a junção entre os espaços psíquicos individual e grupal. Comum a todas as mitologias (teogonias, cosmogonias antigas e contemporâneas, mas também ideologias, discursos "identitários", como todos os discursos da origem e do fim: narrativos e prospectivos, gênese e profecia), a mítica é um universal que, não só individual nem só grupal ou coletivo, assegura as inclusões mútuas e recíprocas do sujeito e do grupo. Ela vai gerar concatenações de sentidos e construções representativas, temporárias ou permanentes, sendo que algumas explicam a aparelhagem e a ligação das psiques individuais entre si, constituindo um grupo psíquico. Quanto a esses processos de emergência ou de reemergência de figurações míticas, tanto no sujeito como no grupo, propus (2006) que se retomasse o termo de *mitopoiese*, momento criativo, de cujos diversos aspectos vou propor, mais adiante, a discussão a partir de dois elementos clínicos.

Para nós, não se trata apenas de relacionar a mítica grupal à sua fonte inconsciente, mas de situar a intervenção do analista na instituição com relação a esse universal. Trata-se do seguinte: a análise dos processos e conteúdos dos momentos mitopoéticos deve permitir ao psicanalista pensar sua intervenção como um terceiro na dinâmica elaborativa grupal de uma instituição. A análise – o que não quer dizer a interpretação comunicada – da mítica do grupo é um elemento metodológico essencial da intervenção elaborativa e da análise das transferências do grupo e no grupo.

Escutar como analista o mito de um coletivo significa, antes de tudo, levar em conta a diacronia desse grupo e a dualidade mito/história que acompanha todo grupo. Isso também significa, portanto, regular a simbolização possível de um outro relato, este memorial, que nesse momento ainda permanece latente e que teria feito *história...* Essa narração, aliás, talvez faça história, no caso de fornecer os elementos significativos que permitam compreender o passado, de si e do grupo, como a sequência dos "engendramentos" de fatos psíquicos, trazendo a necessidade relativa das crises superadas e/ou da crise atual. Mas o silêncio e a latência atual, em que esse relato histórico é mantido, se contentam, ao invés, com toda a prolixidade expressiva do discurso mítico, em múltiplas versões e variantes. Sempre se constata essa retirada das violências ou das transgressões fundadoras para a sombra do recalque e a evocação do mito como uma espécie de evidência ingênua. Essa evocação repetida do mito grupal vem acompanhada das ritualizações que o dramatizam, atos-símbolos considerados como capazes de responder a qualquer questão. Assim, em cada instituição, práticas particulares – e regulares – atestam, ao mesmo tempo, "a identidade" da instituição em face de seus interlocutores e aludem, implícita ou explicitamente, às "escolhas pedagógicas" ou "às opções terapêuticas" (etc.) da instituição, ou seja, também ao discurso mítico que as sustenta.

Se alguns autores puderam mostrar claramente o que está em jogo na "violência fundadora" dentro do grupo, não se vê com tanta evidência aquilo que faz violência no próprio mito. Além de sua força de sedução, o fundamento do mito, em um espaço grupal, é também a erradicação, na medida do possível, da *história*, de um relato que se deve olvidar: o relato das tribulações de *seres humanos*, na verdade, *demasiado humanos*, para retomar a expressão de Nietzsche. Tal como o sonho, o mito traduz traindo, apaga na origem grupal a lembrança do trivial, do transgressivo e do traumático, e transfigura esse *initium* grupal em uma gesta de heróis idealizados e de anti-heróis demonizados. Desse modo, consolida-se o esquecimento, ou pelo menos o desconhecimento, de marcha originária grupal muito excitante e angustiante. Ameaçando o narcisismo do grupo e de cada um, esse início, embora humano, demasiado humano, se contentaria, senão, com a culpabilidade, ou mesmo com a vergonha, e ameaçaria em todo o caso o investimento narcísico comum do grupo.

Portanto, se "o começo é um deus..." (Platão, *As Leis*), já nos coletivos é, só *a posteriori* e retrospectivamente, que o mito, constituindo-se, pode assim designá-lo. A trama mítica, tanto no sujeito como no grupo, é uma ficção que exprime uma verdade, ao mesmo tempo, transvestindo uma realidade. Ela visa a origem e o fim – ou faz pelo menos alusão ao fim de maneira expletiva, como regresso à origem – e designa os desafios do sujeito, como também do grupo, em um arco nascimento/morte (diferenciação, fundação, progressão/regressão, *hybris*, confusão), explicando as hierarquias (entre objetos, laços, valores) que ali se encontram instituídas. Simultaneamente, o movimento de idealização tende a velar a violência, inicial e/ou contínua, sobretudo naquilo que ela pôde, ou pode ainda, comportar de dimensão traumática.

Pois, aquilo que o olhar antropológico, tal como a escuta psicanalítica, reconstrói no ato fundador de um coletivo, é, no mais das vezes, a violência e/ou a transgressão que presidiram a ele. A adesão dos sujeitos ao fantasma da fundação implicou, quase sempre, o reagrupamento em torno de uma tabula rasa, ou de uma criação *ex nihilo*, a qual se salda pelo assassinato real ou simbólico da anterioridade e/ou da alteridade através de seus representantes ou de suas representações.

De resto, o próprio movimento de agrupamento, como o constata precisamente a clínica dos grupos, exige daqueles, que a eles aderem, uma ruptura (ao menos temporária) dos laços precedentes, coisa que confere, em toda a parte, ao fundamento grupal, pelo menos uma nuance de violência. É uma verdade que o mito visará transmitir, mas sob a condição de que ela seja transfigurada, travestida: invertida, projetada, deslocada etc.

Por outro lado, a mítica de um grupo explica essa articulação psíquica grupal, que R. Kaës (1993) sugeriu designar como "contrato narcísico do grupo", a partir de um conceito devido a P. Aulagnier. Esse contrato mítico, que inúmeros ritos religiosos, sociais e institucionais colocam em representação ou em evidência, enuncia, sem dúvida, que cada sujeito, ao chegar ao mundo da sociedade e da sucessão das gerações, se acha portador da missão de assegurar a continuidade das gerações e do conjunto social, étnico, institucional etc. E, reciprocamente, esse conjunto se acha na obrigação de investir narcisicamente nesse novo ser, atribuindo-lhe, como a cada qual, um lugar oferecido pelo grupo e significado pelo conjunto das vozes que, antes de cada sujeito, mantiveram um certo discurso em conformidade com o mito fundador desse grupo. É, conservando esse lugar e confirmando esse discurso, que o sujeito, ligado à origem, ao(s) fundador(es) ou ao ancestral do grupo, assegura o narcisismo grupal e goza do investimento narcísico pelo grupo. Confirmação que, como se sabe, pode chegar ao ponto da alienação. Quanto ao desinvestimento pelo grupo, este pode mergulhar o sujeito no desamparo.

A instituição é um grupo que passa a existir a partir de um ato fundador, que lhe dá estabilidade (*stare*) como conjunto e continuidade no tempo (*status*); e, ainda que por pouco tempo a fundação tenha sido seguida de um período durante o qual tenha sido posta à prova a conveniência de sua existência, o ato de instituição será entendido a posteriori como instituição do contrato grupal narcísico e do pacto denegativo que é seu contrário. Este último diz respeito às representações negativas suscetíveis de destituírem o(s) fundador(es), de lhes constatar a destituição ou de provocar a sua desidealização: fracasso, falência, traição, abandono, morte real de vários sujeitos desse grupo ou do grupo, objeto de seus cuidados, morte ou partida do(s) fundador(es).

Dois casos típicos

Nos dois planos que aqui consideramos – o do escoramento objetal do mito, que defende o investimento narcísico grupal e explica sua origem, a conservação e as especificidades, e o do plano das representações do contrato narcísico grupal, que garante a cada um o seu lugar, a morte ou a aposentadoria do(s) fundador(es) –, sejam quais forem as suas modalidades, introduz-se uma crise narcísica no grupo institucional.

Em certas instituições, essa crise é negada no próprio processo de sua emergência, fato que vai abrir caminho para uma longa involução, marcada por derivas alienantes, deslocadas ou não: estas se devem às idealizações/demonizações massivas que acompanham os mecanismos de clivagem e vão, portanto, também de par com mecanismos persecutórios, às vezes catastróficos. Seria claramente o caso de " O Castelo das Amazonas", apresentado logo a seguir. Em outras, essa crise é objeto de temor, é antecipada e vivida patologicamente pelo grupo, embora não seja reconhecida em sua profundidade, nem em toda a sua dimensão no dia a dia, nem, tampouco, naquilo que provoca em cada um, como participação de sua própria problemática na atuação da vivência grupal. Isso seria muito mais sensível na outra instituição que vou propor que se considere mais adiante e cuja denominação poderia ser "À criança bem-cuidada".

Esses destinos diferentes, e, por outro lado, de modalidades muito diversificadas, estão com certeza ligados às histórias grupais, estas muito diferentes, como também às vias míticas e mistificadoras, pelas quais essas histórias foram olvidadas, recalcadas ou clivadas. E, evidentemente, muito diferentes serão também os lugares transferenciais grupais que esse discurso convida o interveniente a de bom grado ocupar.

"O Castelo das Amazonas"

Trata-se[8] de uma instituição de trabalho social, situada na periferia de uma capital francófona. A intervenção ocorre depois de uma solicitação apresentada como coletiva e urgente. Ao ensejo de conversações exploratórias em grupo, um discurso bastante coerente, apresentado como a história da instituição, foi apresentado a várias vozes. Existindo há mais de vinte anos, havia ela sido fundada no contexto das lutas feministas por uma intelectual, universitária conhecida por seus trabalhos em ciências humanas, assistida por um grupo de militantes em um empreendimento corajoso de "volta à base", com o intuito de "ajudar mulheres carentes", muitas vezes agredidas e com baixa escolaridade ou mesmo analfabetas, a deixarem seus maridos violentos e, depois, a se reinserirem na sociedade.

Tratava-se, portanto, de uma proposta sociopedagógica: mulheres, geralmente depois de violentos conflitos, recebem acolhida em apartamentos da associação. Aí recebem a assistência de um(a) encarregado(a), seguem cursos de alfabetização, de recuperação etc. São protegidas, acompanhadas e salvas. O grupo de origem, em tor-

---

[8] Alguns elementos dessa observação foram já publicados (Nicolle, 1999, 2006) em contextos em que se destacavam outras de suas dimensões.

no da fundadora, havia empenhado, pelo que se descreve, "enormes esforços" para estabelecer uma instituição central na capital, logo seguida por "filiais" na periferia, animadas por outras equipes femininas e feministas, conduzindo uma ação organizada de acordo com um "método" estritamente formalizado, ensinado na chegada a todas as novas colaboradoras dessas equipes, método que se deveria respeitar imperativamente. Após alguns anos, a fundadora havia progressivamente delegado suas responsabilidades e se afastara para outras militâncias.

A equipe com a qual me encontro era, originalmente, a da fundadora e compreende hoje uma dezena de membros, dois dos quais são homens. A crise atual é apresentada como incapacidade coletiva para se pensar em conjunto, para compartilhar, para fazer projetos de futuro coletivo. Mas, também, para imaginar novos modos, talvez necessários, de organizar a prática institucional, e isso porque o pessoal se sente perseguido pelas ameaças prementes da autoridade pública local de interromper o financiamento dessa atividade: far-se-ia necessário mudar ou perecer, reformar-se (mas como?) ou ver secar em brevíssimo prazo o financiamento por uma autoridade tutelar que se apercebeu, alarmada, já faz alguns anos, dos magros resultados da ação institucional.

Foi proposta e implementada uma intervenção de três dias, separada cada etapa por algumas semanas. Esses dias se desenrolam cada um em quatro sessões de partilhas verbais, com ou sem psicodrama. No primeiro dia, contrariamente ao que fora recomendado, um educador se manteve ausente o tempo inteiro. Pelo fim do dia, após uma cena de psicodrama, em que se encenou uma sedução com feição incestuosa entre um homem de idade, libidinoso, e uma mocinha, uma das educadoras (vamos chamá-la de Mariana) revelou, numa atmosfera muito tensa, que aquele educador ausente era, de fato, um exemplo das práticas desviantes. Ele havia entrado em uma relação amorosa com uma das mulheres abrigadas (as "formadas") e, mais tarde, convencera, por duas vezes, o resto do grupo a renovar a duração da permanência da mulher, em contradição com o regulamento interno... e a lei. Assim, os participantes passam a se interrogar sobre aquilo, que na história institucional constituíria uma "explicação" das inúmeras transgressões em sua prática, que lhes relembram igualmente as transgressões do dispositivo, bastante repetidas e diversificadas, desde a manhã, para que o analista tenha já sentido a necessidade de apontá-las e perguntar por seu sentido.

No segundo dia, o grupo está completo. Ocorrem partilhas, e estas acabam propondo uma encenação, com o título "Vinte anos depois". Tratar-se-á do que aconteceu com o Pequeno Polegar, agora adulto. Todos os protagonistas são do sexo feminino. Os pais dos sete irmãos, muito idosos e sempre pobres também, batem à porta do castelo isolado, onde o Pequeno Polegar, adulto, e um de seus irmãos, que se tornaram muito ricos, descansam tranquilamente diante da lareira. Levam uma existência dissoluta e ganham a vida com rapinas. Negam-se agora a ajudarem, seja lá como for, seus pais, que logo passam do pedido às censuras, tanto materiais como morais: como é que seus filhos os deixam desse jeito, sozinhos e sem recursos? E, aliás, como é que eles podem censurar os pais, seja lá como for, particularmente porque os haviam abandonado, sendo que os filhos se tornaram ladrões e criminosos? Enquanto na cena as censuras não param de se multiplicar, Mariana, no círculo dos espectadores, levanta-se e anuncia que vai representar "o ancestral". Na cena, fora antes imaginado pela mãe um espelho diante do qual ela ficara parada um instante, deplorando sua velhice e a feiura de suas rugas, antes de aparecer na presença dos filhos. Chegando em cena, Mariana se instala nesse canto, apertada contra a parede, e os protagonistas, deslocando-se na direção dela, descobrem que por trás do metal do espelho se esconde o retrato do ancestral. A recém-chegada à cena declara que vai falar e que "tudo vai se esclarecer". Mas o ancestral só fala para zombar de todos os presentes por causa da peça que pregou neles, seus descendentes, que parece estar amaldiçoando: não há nada a herdar, tudo apodreceu, tudo vai desaparecer. A angústia atinge então o seu clímax, e os protagonistas parecem estupefatos. Depois se reagrupam, pouco a pouco, e chegam enfim a um acordo entre si, decidindo de comum acordo deixarem juntos o castelo maldito, para reconstruírem a vida noutro lugar e, encerrando eles mesmos a representação, começam a deixar a cena e vão sentar-se de novo.

No entanto, o Pequeno Polegar e seu irmão, evocando com um gesto uma porta pela qual seria necessário passar, para deixar o castelo, atravessam toda a sala sem voltarem para seu assento, abrem a porta, saem e a fecham de novo, desaparecendo, assim, aos olhos de todos em um corredor adjacente. O grupo os vê saindo sem que ninguém intervenha. As duas mulheres só voltarão à sala alguns minutos mais tarde, visivelmente presas a um sentimento de estranheza, interrogando o grupo sobre aquilo que se passou em sua ausência e censurando o grupo, que não se abalara para ir procurá-las, que as abandonara...

Nos minutos seguintes, recomeçam as partilhas. À verbalização daquilo que fora vivido por uns e por outros, no decurso do dia, vêm somar-se associações que remetem a lembranças. Aparece, então, um relato das origens, aquele que a *mitopoiese* grupal havia, depois da fundação, travestido em mito originário, heroico, que tinha sido narrado por ocasião das partilhas preliminares. Ao mesmo tempo que, com efeito, o relato vai se desdobrando pouco a pouco, a abordagem dos elementos transgressivos que ele contém desencadeia a angústia do grupo, seguida por movimentos agressivos muito fortes. A fundadora é agora acusada de não ter passado de uma burguesa, uma grande burguesa, que só se teria misturado com gente do povo para sua glória pessoal, como elemento de uma estratégia pessoal de fama e de poder. Comprová-lo-ia o fato de que, depois de sua iniciativa feminista, a fundadora haveria abandonado toda a sua gente, sem jamais voltar a ela, e conseguira se eleger para uma grande instituição europeia, altura de onde todos eles, com todos os seus esforços, devem parecer-lhe bem pouca coisa hoje. Aliás, eles agora zombam abertamente do "método", dizem que nunca acreditaram nele de verdade, que não passaria de um instrumento de poder das "veteranas" sobre as "novatas" desde o começo etc. Mas por que, então, tanto ódio?

É que o afresco histórico que então se patenteia, assim como o espelho da representação psicodramática, traz à tona posições perversas. E, sendo vivido como fundador, esse afresco se mostra ao grupo como um destino que ele agora descobre ser o seu. A fundadora é ali descrita como uma mulher autoritária em mais de um sentido, ligando pouco para seu marido. O fato de este ter sido proprietário de uma bela mansão longe da capital teria servido à fundadora para, na mansão, organizar fins de semana galantes, sozinha com os responsáveis administrativos e financeiros, e, nesses encontros, ela lhes teria concedido todo o tipo de favores e até, dizem, teria se prostituído. Depois disso, a instituição poderia ter sido subvencionada. Acabam, assim, caindo em si e descobrem qual é sua origem.

Evidentemente, ainda seria necessário deslindar muitos elementos dessa trama intricada, desse "Retrato de grupo com dama". Sem retomar aqui os elementos de sentido que se depreendem da transferência/contratransferência grupal, nem a qualidade traumática (tanto para o grupo como para mim mesmo), da representação psicodramática que chega a ser uma repetição atuada do abandono além da representação, vamos deter-nos por um instante sobre duas modalidades daquilo que acima designamos como *mitopoiese*, o trabalho produtivo do mito. Dois movimentos diferentes nos parecem, com efeito, exemplares e requerem aqui uma atenção diferenciadora.

O primeiro movimento é aquele que constitui o mito heroico (uma variante do mito das Amazonas), exposto bem no início, e que assegurava *ipso facto* o recalque dos pormenores – humanos, demasiado humanos com certeza – da história da fundação. E, assim fazendo, ele encerrou no esquecimento os efeitos de culpabilidade, de desejo ciumento, de angústia edipiana e de cólera, direcionados à fundadora, mas também os gozos ligados à participação por procuração na cena perversa e na onipotência da "mulher de negócios". Trata-se aí de um movimento que, graças, entre outras coisas, a diversas reviravoltas e inversões, substituiu um relato edificante, idealizante, por uma aventura individual e grupal, em que cada uma, e depois cada um, pôde encontrar seus interesses mais prosaicos.

O outro movimento é aquele que testemunhamos justamente no decurso da encenação psicodramática: tornou-se dinamicamente possível pela transferência e pela procura do grupo, e sua implementação é abrigada pelo dispositivo psicodramático grupal. É aquele do "Pequeno Polegar, agora adulto", aquele em cuja encenação se distribuem personagens, posturas e discursos, as diversas identificações inconscientes, mobilizadas em cada um(a) e no grupo pela crise grupal. A peça – cujo o tema e o esboço da distribuição das personagens somente são anunciados antes de entrar em cena – dá acesso (para os atores e também para os espectadores) a uma elaboração integrativa, graças a uma concatenação coletiva dos representantes (representações e afetos), e isto sob formas não apenas verbais, mas também de ideias e de movimento. Essa concatenação que ocorre em cena introduz uma nova cena mítica: em outras palavras, ela só se realiza através de uma *mitopoiese*, abrigando-se nas representações de um mito já presente aí, "o Pequeno Polegar", produzindo para este uma nova variante *ad hoc*.

Presente sempre aí, o mito precede o nascimento de cada um dentre nós e de cada um dos membros desse grupo, ele é uma palavra que se origina *in illo tempore*, certamente transmitida pelos pais e/ou pela geração deles, mas que se origina ao menos naquela dos avós (aqui, aliás, ela é representada pela figura do ancestral: ao mesmo tempo, retrato revelado do pai imaginário destruidor da fundadora, tela da verdade psíquica da história e objeto transferencial perseguidor). O "Pequeno Polegar agora adulto" é uma versão nova do mito, agora de um ponto de vista mitográfico, é uma "variante do *finale*" do conto. Mas é também a concatenação representativa, que se tornou possível e razoável em certas condições, pela qual um dado grupo explica sua crise grupal (aqui: a morte iminente do grupo, inscrita como um destino trágico) em referência a seus primórdios: o grupo serve-se aqui de um mito conhecido de todos desde a infância (o Pequeno Polegar), e referente a esta, para conter e abrigar logicamente essa concatenação de representações e lhe servir de ninho que forneça *condições de sen-*

tido e de afetos utilizáveis para o esforço atual de autorrepresentação. Encerrada agora no espaço mítico, a nova concatenação mitopoética adquire por sua vez uma qualidade mítica, neste caso: ser um discurso pelo qual se proclama uma verdade sobre os primórdios que cada um pode apreender, que diz respeito a cada um, mas que se enuncia além das aparências, transfigurada e travestida.

Mas qual será essa verdade? A proposição essencial que nos parece expressa nesse movimento mitopoético é esta: as crianças tratadas com perversidade e abandonadas tendem com razão a odiar seus pais, mas esse ódio pode destruí-las de outra forma.

Uma vez elaborada e apropriada pelo grupo no decorrer das sessões restantes, essa proposição e seus corolários tomam o lugar do discurso mistificador grupal do início, que se situava em uma lógica persecutória e messiânica de urgência narcísica ("perigo de morte iminente por estrangulamento financeiro da instituição heroica, levando a procurar a intervenção de um terceiro que poderia magicamente salvar o grupo"). Imediatamente essa proposição adquire, para o grupo, um valor de interpretação da atual crise narcísica grupal, permitindo que se ligue a seus "engendramentos", a seus pródromos e a sua caminhada na temporalidade institucional ("vinte anos", vividos como a passagem de uma geração). Essa proposição lança também a ponte entre o mito das Amazonas fundadoras e a elaboração que essa equipe fará, a seguir, da prática institucional seguida até ali: encorajar as esposas a deixarem seus maridos, ajudá-las escondendo-as ali e depois "formando-as" para viverem a longo prazo como mulheres sozinhas e entre mulheres.

No curso das últimas sessões da intervenção, essa interpretação permitirá aos participantes poderem começar a investir-se como sujeitos em grupo, falar de sua história pessoal e do papel que ela teria na adesão a esse grupo no tempo em que esta se deu. Projetos pessoais poderão, desde então, parecer legítimos: desejos de deixar a equipe a qualquer custo, formar-se em outras práticas, repensar e formular um projeto institucional diferente.

"O Castelo das Amazonas" pode assim apresentar, de modo relativamente exemplar, os caminhos pelos quais, num grupo que havia deste modo situado seu momento instituinte e diferenciante em uma dinâmica processual nascimento-engendramentos-morte, elementos transgressivos e traumáticos inaugurais puderam ser vividos grupal e inconscientemente como "destino funesto". Esse *fatum* forçava o grupo ao impasse de uma oposição de estados: vida/morte, que se identificam um após o outro com a perversa fundadora, que os abandonara, e com as crianças abandonadas, fadadas à morte ou à perversão. Essa oposição fechada, vida/morte, culmina em uma crise que poderia ser fatal no caso de, pela regressão, o grupo parecer aderir ao colapso paradoxal (vida = morte), emergência dos processos primários.

"Espelho, lindo espelho, posso ainda me reconhecer?...", parece pensar a mãe, envelhecida, de "O Castelo das Amazonas". O espelho, elemento central do mito de Narciso, no qual tornaremos a encontrar, com reflexos bem diferentes, sob outro aspecto, a posição de escora representativa da elaboração mitopoética do narcisismo grupal posto em xeque.

"À criança bem-cuidada"

Trata-se aqui da intervenção realizada, após o pedido apresentado de maneira muito explícita por três de seus membros, em nome do conjunto, para a equipe do equivalente de um centro médico psicopedagógico de uma cidade do interior de um país francófono. Foi enviada uma carta ao CEFFRAP, e desta citarei alguns elementos: "Nosso objetivo seria duplo: 1) compreender, elaborar e superar situações de conflito recorrentes, que surgem no seio de nossa instituição [...]; 2) repensar a organização de nossa equipe, e isso ainda mais porque certos colaboradores vão nos deixar [...]. Nosso centro já existe há mais de trinta anos [...]. Nosso referente teórico é essencialmente o pensamento analítico, com abertura para as teorias sistêmicas".

Mencionava-se, logo de início, a dificuldade da passagem crítica de uma geração, encerrada após sua fundação por uma estrutura grupal incerta de sua perenidade, face a inelutáveis separações. Dificuldade também do questionamento das relações entre o momento fundador, a estrutura, seu referente psíquico e os conflitos incessantemente surgidos, sem que se pudesse imaginar como solucioná-los ou resolvê-los. De comum acordo, mas evidentemente sem se darem conta disso, os signatários dessa carta e eu mesmo concordamos em fixar o dia de um encontro inaugural e de um trabalho grupal exploratório exatamente nove meses depois da data dessa carta. Tratava-se então, também, de nascer, evocar o nascimento ou renascer.

No curso dessa jornada preliminar, o número dos presentes, como também os desejos deles, me levará rapidamente a descartar uma proposição psicodramática. A diacronia da instituição será logo de início situada pelos participantes como uma "história sagrada". Dela se destaca a gesta de três homens, descritos como "os fundadores". Através dessa instituição, eles estabeleceram a pedopsiquiatria psicanalítica em "seu país, e a eles, pouco a pouco, se foi juntando um grupo de homens e mulheres que se formaram, e estes de ora em diante assumem grupalmente a tarefa de formar, por sua vez, os colegas mais novos. Estes vêm às vezes de longe, para depois regressarem; são os "estagiários", entre os quais também se recrutam, caso necessário, os novos membros da instituição. A formação é deste modo ministrada particularmente através dos seminários internos, que se agrupam em torno de cada um dos "fundadores". Assim aquela iniciativa fundadora vai continuando até o dia de hoje, segundo me dizem, mediante uma atividade grupal, concebida como "defesa e ilustração da psicanálise aplicada no cuidado à criança".

Narrando a diversas vozes essa "história sagrada" a um terceiro, esse grupo-instituição tenta compendiar, em uma visão cavaleira épica, trinta anos que constituem um estofo extremamente complexo de relações entre sujeitos agrupados, estofo cujos fios negativos, destruidores, traumáticos e simplesmente sexuais e/ou passionais são metodicamente ocultados pela espessura do tecido, em benefício de uma centração na dimensão heroica: a instauração da psicanálise para as crianças em setor público, *ex nihilo*.

O alcance psíquico desse quadro se atualiza também de outro modo: nesse discurso grupal inaugural, elementos vividos como atuais e relatados como separados dessa espessura, como detalhes no primeiro plano, entram em conflito com o último plano. Começam a situar no vácuo a transferência grupal e seus engodos idealizantes e designam a representação que o grupo dá de sua situação no espaço e no tempo.

Assim, por exemplo, o fato de estagiários se formarem nesse centro médico psicopedagócico, mas depois irem embora, e o fato de o engajamento de novos membros parecer muito mais difícil do que deveria sê-lo para uma instituição tão "boa". Diz-se por exemplo:

> "Para aquele posto, discutido há muito tempo, pensava-se em um psicólogo familialista, pessoa madura, que possa também dar consultas e aplicar testes, que tenha idade, mas não velho demais, tudo isso; vieram muitos candidatos, gastamos muito tempo para achar e decidir e finalmente tomamos Alexandre, muito jovem e simpático, calmo, cheio de boa vontade e... não é familialista. É sempre a mesma história, o pessoal vem para cá, pegam tudo o que podemos lhes dar, mas depois vão-se embora para a capital e aí encontram tudo o que querem". Bem diferente desses moços que se vão embora, o interveniente do CEFFRAP, o psicanalista, se desloca de muito longe, de um país estrangeiro, e "vem até nós".

Assim acontece com aqueles que chegaram por último, alguns dos quais agora, já faz tempo, parecem demorar muito para viverem integrados de forma globalmente equitativa no grupo. Entre jovens psicólogos em período de experiência, psicólogos estagiários, a seguir debutantes em formação clínica, assistentes de pedopsiquiatria confirmados, uma assistente social que se tornou psicanalista e psicoterapeuta e psicanalistas já idosos e confirmados em sua própria sociedade psicanalítica, uma cascata hierárquica produz um sem-número de regulamentos, nos quais os direitos e deveres diferem conforme o grau de proximidade com o *phalus* (a psicanálise), o único a permitir a realização do fantasma grupal: "Recupera-se (psicanaliticamente) uma criança".

Ordenado em torno da formação, um demorado processo de reconhecimento progressivo (que evidentemente nos leva a pensar naquele das sociedades psicanalíticas e naquele da sociedade que tem seus fundadores como membros) aguarda cada um à sua chegada, processo em cujo curso o seu narcisismo pessoal continuará sendo interrogado. É graças à antiguidade que se sobe em todos os sentidos da palavra. Por um lado se diz:

"Existem aqueles que têm o direito de participar do seminário e aqueles que não o têm, aqueles que têm uma escrivaninha nos andares de cima e aqueles que se contentam com uma no subsolo, e aqueles que não têm nada disso e devem compartilhar, embaixo, uma só escrivaninha com várias pessoas, etc.".

Mas também se diz:

"Como achar seu lugar, como ser ouvido, simplesmente ouvido sem ter que vestir um colete à prova de balas?".

Palavras ditas em uma sala, onde eu havia fixado as diretrizes, as mesmas para todos, em três regras simples, e onde eu me mudo de lugar voluntariamente a cada nova sessão.

Assim, afinal, constata-se que a "casa" está em processo de abandono por seus pais fundadores, que a vão deixando pouco a pouco, fato que se aborda desde os primeiros momentos de trabalho grupal. Fundada, portanto, por três médicos psicanalistas, esses três homens no decurso daqueles anos vão se aposentando, às vezes num processo difícil: o primeiro, Gerry, saiu cinco anos antes da intervenção, insistindo para conservar de forma legal, mas incômoda, seu exercício privado dentro da instituição. Isso até que a diretora administrativa desse o contra e o obrigasse a encerrar as atividades. Ele morreu um pouco mais tarde. O segundo, Jamie, está presente por ocasião de nosso dia de trabalho exploratório; lembra a certo momento que vai se aposentar, sem assinalar a data, e, para minha surpresa, constato sua ausência desde o dia de trabalho seguinte até a alguns meses mais tarde. No curso do último dia de trabalho grupal, Luís, o terceiro, anunciará sua saída e convidará os colegas a antecipar esse momento, permitindo-lhe "fazer uns filhos". Com isso, queria dizer formar jovens colegas em seu seminário, o último que se realizaria. "A saída de Luís, isso nos traumatiza desde já, vai ser em dois anos".

Passara, portanto, o tempo dos pais, o mito ameaça chegar a um fim trágico, pois a diacronia do grupo poderia encerrar-se ao fim do ciclo de uma geração, em uma desestruturação progressiva da ritualidade piramidal institucional, cuja inanidade se constataria agora ligada à ausência, para breve, de suas escoras objetais e narcísicas. A intervenção solicitada visa, portanto, a ser como um envoltório protetor que deve acompanhar o grupo naquilo que também poderia ser uma passagem de gerações, ajudar a definir uma herança a realizar e prevenir em todo o caso a realização desse fantasma da debandada. Meu grupo de origem e eu mesmo nos vemos, então, investidos entre outras coisas como uma escora narcísica vicária, detentores do mesmo *phalus* psicanalítico idealizado.

Esse aspecto leva, aliás, a perceber que se encontra aqui o caráter trans-histórico da mítica e da *mitopoiese*. O grupo parece estar vivendo uma espécie de "provincianismo institucional", um estado ambivalente de afastamento, de fechamento e repetição. Esse estado é, por um lado, defendido como se garantisse a coesão do grupo ("nossa identidade" é uma expressão que vem à baila muitas vezes), mas é, por outro lado, vivido por muitos como um dos sintomas da crise grupal. Convocar um estranho à instituição e ao país, ele mesmo membro de uma instituição de psicanalistas grupalistas, consistiu, portanto, nessa ótica, em recorrer a uma revelação da "verdade dos grupos", revelação possuída por uma instância que precede essa instituição não cronológica, mas logicamente: a psicanálise. O CEFFRAP será então aqui "a instituição supostamente de posse do saber", de um saber trans-histórico, o do mito, o do próprio mito.

Esperando o melhor (ou o pior), os sentimentos de abandono (tanto pelos "filhos" quanto pelos "pais"), a angústia de morte do grupo e a ambivalência de cada um provocaram uma crise narcísica grupal: precisamente a ressurgência exacerbada de ciúmes múltiplos (alimentando, sem cessar, conflitos diários sobre questões de funções, atribuições, lugares, tempos de cada um e de todos), a agressividade permanente impedindo o trabalho coletivo e a elaboração clínica e movimentos paranoides diversos constituíam o objeto da "procura primária" dirigida ao interveniente. Essa crise se caracterizaria, portanto, como sempre, por uma regressão grupal, com movimentos de desligamento: o investimento positivo se esquiva e passa a reportar-se a projetos ambiciosos, mas inibidos; passa a dominar o investimento negativo, envenenando a vida em comum. A vida na instituição não é mais compartilhada, é objeto de disputa.

  Quando na penúltima sessão da intervenção, alguns começam a evocar de novo, emocionados, a saída de Gerry: ele deixou sua biblioteca como herança, em três tempos, antes de ir embora; seu autorretrato fotográfico e sua placa, oferecida pela equipe, foram em seguida depositados em seu escritório-biblioteca antes de sua partida, biblioteca à qual os estagiários não têm acesso. Quanto a sua poltrona, não se sabia o que fazer com ela e, por fim, foi deixada no patamar de uma escada, envelhecendo ali. Tudo isso faz pensar na morte de um pai, mas também faz sorrir, dir-se-ia.

  Benoît apresenta então um fantasma: toda a equipe estaria reunida em uma catedral (a "catedral da psicanálise" fora evocada em uma sessão precedente), e todos avançariam lentamente rumo ao altar, em duas fileiras (homens e mulheres), cada um e cada uma em seu lugar. Outros já o precedem no altar, sobre o qual está um espelho e não um tabernáculo. Alexandre continua: é um espelho sem metal, e, do lado de trás, fica o olho dos fundadores, que continua observando se tudo vai bem depois da partida deles. Agora é a vez de Denise: eles observam, mas também estão sorrindo: aprovam porque eles não estão fazendo qualquer coisa, todos trabalham para que tudo saia do melhor jeito possível, mesmo que tenha de haver mudanças. Cláudio conclui: seja como for, mesmo naqueles lugares há mudanças: estuda-se o latim, introduz-se o francês, pega-se o altar e põe-se de outro jeito. Tudo se muda, mas, apesar de tudo, continua a mesma coisa...

Denise volta a falar, seguida por outras: ela diz que o pessoal sente, e que ela sente, gratidão por tudo aquilo que foi ensinado nos seminários, que aos poucos o grupo se sentia iniciado e que ao mesmo tempo se sentia mais maduro e mais seguro de si em sua prática com as crianças e com os pais. Luís vai concluir que a evocação da saída dos fundadores, e da sua, não deve levar a esquecer que as pessoas da geração que virá deverão, elas também, ir embora um dia, e que essas saídas não deverão esconder os desafios de hoje com as rivalidades que surgirão.

Durante a última sessão, explica-se a várias vozes, em uma erotização subjacente, que durante os dois anos correspondentes à intervenção diversos participantes experimentaram ou anunciaram "trabalhos em casal" junto a crianças ou pais. Mas constata-se que os únicos que não se interromperam antes da realização são aqueles em que dois homens ou duas mulheres trabalhavam juntos. Faço então questão de observar a conjunção heterossexualidade-rivalidade/angústia-inibição.

Ninguém comenta, mas todo mundo se põe a falar do futuro, e os projetos abundam, ao mesmo tempo reconhecendo-se a necessidade de tomar tempo para elaborá-los. No último momento, há quem se lembre do final da intervenção, e, em termos idênticos àqueles utilizados precedentemente, dá-se expressão a sentimentos de gratidão pelo trabalho efetuado.

Em uma tentativa na qual o trágico cede lugar ao tragicômico, a partir da tomada de consciência da inanidade dos ritos em torno dos restos, caindo ao pó, do pai morto, é que se constitui nas partilhas psíquicas intragrupais o Fantasma da Catedral, e talvez se pudesse dizer o "Senhor Espelho".[9] É um movimento mitopoético que não vai destronar, nem invalidar os valores heroicos e épicos do mito fundador da instituição, mas cria-lhe um novo episódio possível, o de uma gratidão e de uma reconciliação que moderam o ressentimento, o complexo de culpa do abandono e o sofrimento narcísico sutil do grupo. A geração dos fundadores poderia ser, portanto, seguida legitimamente por uma nova geração de herdeiros, corajosa por sua fidelidade, mas doravante também por suas inovações, ou melhor, por sua fidelidade na inovação. Cada um tem, então, seu lugar no grupo, e é a cada um no grupo que se dirige a vigilância, mas também, daqui para frente, a sorridente reconciliação com o que cada um vem a ser. A reerotização que se segue nas partilhas deve ser considerada como boa prova dos processos de religação atuantes neste momento no grupo.

Aqui se realiza uma integração da temporalidade grupal diacrônica mediante a aceitação do desaparecimento dos fundadores e de cada um: a sessão oscila em torno da representação fantasmo-mítica do "Senhor Espelho", e essa cena alcança sua eficácia simbólica quanto ao envolvimento narcísico central do grupo, conjugando o inalterável e a intemporalidade do *phalus* (a divindade, o monumento intemporal, a tradição imemorial) com a contingência e a especificidade de cada um do grupo (os sexos, as gerações, a profissão, a antiguidade etc.). Esses dois planos do fantasma são mediatizados no espaço e no tempo pelo elemento pivô, que é o objeto-espelho. Este, sem o metal, é, portanto, biface, tal como é também bidirecional e bigeneracional. Ele o era também no "Castelo das Amazonas", mas naquele caso se tratava de um mítico ancestral perverso, praguejador, prometendo a ruína narcísica a seus descendentes. Quanto "À criança bem-cuidada", o caso

---
[9] N.E.: Fantasma da Catedral remete às fotografias, tiradas em igrejas e catedrais, em que aparecem supostos fantasmas.
Senhor Espelho é um personagem da crônica "O Cordeiro, o Espelho e o Zebu".

é muito diferente: a trindade dos fundadores olha por seus "filhos" e cuida deles com um sorriso...

A conjunção do espelho e do rosto, furioso ou sorridente, conforme o caso, que aí transparece para o grupo, para mim é esclarecedora quanto às fundações individuais arcaicas, atingidas pelos processos das crises psíquicas grupais, quando são crises narcísicas – é o que elas são efetivamente, na maioria das vezes, e sempre quando se juntam em torno da encenação da fundação ou da refundação da identidade grupal institucional. A simbolização pelo espelho se refere à mãe idealizada que apoiou a unificação e a narcisicização da psique-soma do sujeito em uma relação de especularidade amorosa. E a cólera ou o sorriso naquele espelho evocam evidentemente as dinâmicas esquizoparanoides de cada sujeito, mas talvez também mais profundamente os processos da identificação primária, ligados ao sorriso, ao reconhecimento fundador do rosto humano, processos tão bem analisados por Spitz em termos de "organizadores da vida psíquica". E isso mostra também, de forma simétrica e complementar, os movimentos narcísicos primários no sujeito, que são envolvidos, ou mesmo "tratados", pela adesão à dinâmica grupal e à mítica da fundação/refundação do grupo-instituição.

Uma refundação?

Talvez se possa tentar, assim, uma definição da intervenção psicanalítica em grupo institucional: é o tempo de uma palavra, emotiva e dirigida a um terceiro psicanalista, tempo durante o qual, pelas vias dos movimentos transferenciais e contratransferenciais, as figuras e a gesta central da mítica de grupo vão ser reinvestidas e, por pouco que sejam desveladas, vão ser postas em cena e questionadas em seu alcance fundador, e/ou enganador, e/ou alienante para cada um e para todos.

Esse tempo de uma elaboração da vida psíquica grupal é, sem dúvida, um tempo que se conta e se mede, mas aí ainda é antes de tudo um compromisso que integra em seus refolhos uma primeira figuração transfero-contratransferencial de elementos da mítica grupal.

É, aliás, mesmo nos detalhes aparentemente mais contingentes que a diacronia grupal se transfere, simbolizando-se, e isso desde os primeiros contatos. Já mencionei acima as expectativas de nascimento ou de renascimento através de uma escolha de datas, espaçada de nove meses dia por dia. Em "O Castelo das Amazonas", vinte anos após sua fundação, se faz o pedido de uma intervenção, em cujo decurso a representação psicodramática central recebera dois títulos; um deles, "Vinte Anos Depois". Quanto "À criança bem-cuidada", será combinado previamente que vai durar três dias o tempo de intervenção propriamente dito e, a seguir, no decurso de cada uma delas, tratar-se-á da partida, passada, presente e futura, de um dos três fundadores, reunidos *in fine* em uma tríade mítica com o conjunto do grupo no curso das últimas sessões.

Uma vez proposto e aceito, o número de sessões e/ou de jornadas de trabalho grupal será acolhido pelo grupo, como muitos outros indícios realitários, e utilizado para fins de simbolização, à parte e além de sua função, como elemento localizável e quantitativo do dispositivo.

Referindo-me à oposição complementar, macrocosmo/microcosmo, e sobretudo ao funcionamento simbolizante que ela ilustra, eu gostaria de sugerir que, subvertendo todas as contingências argumentáveis (disponibilidade, orçamentos, atividade institucional etc.), a temporalidade da intervenção realiza inconscientemente um microcrono, um análogo simbolizante – e então potencialmente simbolígeno – do tempo grupal vivido na instituição, tal que arquiteturado pela mítica do grupo.

Essa simbolização analógica e alusiva é evidentemente carregada pela repetição, que se atualiza nas transferências, e pelo desejo de reencontro com o objeto perdido ou a se perder, idealizado. O interveniente se vê, então, muitas vezes investido inconscientemente, pelo menos temporariamente, das mesmas qualidades do fundador, ao passo que em outros momentos o grupo o faz viver uma eleição, como o herdeiro ao qual se abrem os segredos da origem. Pois o desejo de uma "refundação" é uma das vias da elaboração, às vezes da superação, da crise, e ele se faz muitas vezes ouvir, como o canto das sereias aos ouvidos do interveniente, que se vê assim solicitado de diversas maneiras a se desinstalar da posição de terceiro que mantém e diante da oferta de ocupar o trono.

De fato, a proposição de dispositivo e, uma vez que se tenha chegado a um acordo comum quanto a ele, o investimento desse dispositivo pelo analista interveniente são já o ato fundador da intervenção como tal. Nisso o interveniente já se propõe à transferência, como um neofundador possível, e esse ato é *a priori* entendido pelo grupo institucional como a expressão de seu desejo de ocupar esse lugar. Trata-se aí de um dos entrelaçamentos transfero-contratransferenciais grupais inaugurais, sem dúvida o mais frequente, talvez também o mais crítico para o analista interveniente. Esse entrelaçamento reaviva de fato sua própria problemática narcísica (aquela do Menino-Rei que cada um continua a esperar/desesperar ser), ao mesmo tempo em que põe à prova o apoio interno que deve ser constituído, para o interveniente, pela elaboração precedente de seus próprios laços grupais, ou seja, de seus aspectos críticos.

A vida institucional, com efeito, não pode ser contornada pelo analista: não existe analista sem grupo de trabalho, seminário, cartel, associação, sociedade, federação etc. Não há interveniente sem instituição de origem. É, pois, a elaboração analítica relativa de sua própria história grupal-institucional, com seus engajamentos e seus sofrimentos, suas construções e violências, suas decepções, seus investimentos narcísicos e suas problemáticas generacionais, que constitui para o analista interveniente a condição generativa *a priori* de suas interpretações, latentes ou manifestas e, a seguir, enunciadas ou reservadas.

Nessa constelação inaugural da intervenção, a esperança inconsciente de uma "refundação" e de seus benefícios narcísicos esperados é, portanto, bem compartilhada... como *in illo tempore*.

Nisso, ainda, a crise se revela como um posterior da fundação.

Capítulo 3

O luto dos fundadores nas instituições: trabalho do originário e passagem de geração

René Kaës

Neste capítulo, vou abordar a problemática da realidade psíquica e do sofrimento nas instituições. No curso de trabalhos anteriores, procurei analisar as determinações e os efeitos psíquicos do sofrimento institucional.[10] Destaquei então três principais fontes de sofrimento: uma é inerente ao próprio fato institucional; a outra, a esta ou àquela instituição particular, a sua estrutura social e à estrutura inconsciente que lhe é própria; a terceira, enfim, à configuração psíquica do sujeito singular. Essa confluência de diversas fontes de sofrimento na instituição foi globalmente designada como "sofrimento institucional". Essa designação me levou a questionar-me quem é o sujeito do sofrimento institucional. Postular a instituição como sujeito do sofrimento só pode ser entendido como efeito de um discurso no qual operam deslocamentos, condensações e inversões entre o elemento e o conjunto, entre a parte e o todo. A instituição, objeto psíquico comum, falando em sentido próprio não sofre. Aquilo de que devemos nos ocupar é o Eu e o Nós enquanto sofremos por causa de nossa relação com a instituição, nessa relação e por essa relação.

Interessei-me de modo particular pelo sofrimento associado ao próprio fato institucional, em razão dos contratos, pactos e acordos,

---

[10] No capítulo que traz esse título, na obra *L'institution et les Institutions* (Kaës, Enriquez et alii, 1987, p. 35-46. Cf. também Kaës, 1997 e 2004a).

inconscientes ou não, que nos ligam reciprocamente em uma relação assimétrica, desigual. Nessas alianças, em que necessariamente se exerce a violência, experimenta-se necessariamente um distanciamento variável entre, de um lado, as injunções e as exigências de trabalho psíquico que a instituição requer, por exemplo as renúncias pulsionais diretas, os sacrifícios ou os abandonos dos interesses do ego para participar na instituição, e, do outro lado, os benefícios esperados em troca. Sofremos com esses distanciamentos, mas também por não compreendermos a causa, o objeto, o sentido ou o próprio sujeito do sofrimento que experimentamos na instituição.

Esses traços específicos do sofrimento institucional correspondem à indiferenciação inata dos espaços psíquicos. Quero falar desse "sofrimento do inextricável" como a característica fundamental da patologia institucional.

Existe uma segunda manifestação do sofrimento institucional: é o sofrimento associado a uma "perturbação da fundação e da função instituinte". Relacionei a maioria dessas perturbações às falhas das formações contratuais implicadas na função instituinte: há demasiadas ou insuficientes instituições ou, ainda, elas são inapropriadas a suas funções, por inadequação entre a estrutura da instituição e a estrutura da tarefa primária. Outra fonte constante de sofrimento se acha associada às perturbações da constituição da ilusão fundadora e às falhas do processo de desilusão.

Uma terceira fonte de sofrimento está associada "aos obstáculos à realização da tarefa primária". Em sua tarefa primária (cuidar, formar, produzir, vender...), a instituição fundamenta sua razão de ser, sua finalidade, a razão do laço que ela estabelece com seus sujeitos: sem o seu cumprimento, não pode sobreviver. Todavia, a tarefa primária não é constantemente nem de modo principal aquela à qual se dedicam os membros da instituição, e daí resultam motivos de sofrimento.

Enfim – mas a lista não é exaustiva – dediquei-me a descrever o sofrimento associado à instauração e à manutenção do espaço psíquico na instituição. O espaço psíquico diminui com a predominância do instituído sobre o instituinte, com o desenvolvimento burocrático da organização contra o processo, com a supremacia das formações narcísicas, repressivas, negadoras e defensivas que predominam na instituição.

Neste capítulo, quero reportar-me a um outro aspecto do "sofrimento institucional", aquele que põe os sujeitos membros de uma instituição diante do luto de um fundador.

A linha diretriz de minha reflexão é a seguinte: a morte ou a partida de um fundador põe os membros da instituição diante de um trabalho de luto e de separação, cujo seio mobiliza o trabalho do originário. Dou o nome de trabalho do originário a uma elaboração que atravessa as relações de união/repulsa com o objeto perdido até os reparos dos mitos fundadores da instituição. Não poderei desenvolver todas as proposições encerradas nesta hipótese, mas gostaria de assinalar sua existência na seguinte articulação: o trabalho do originário é também um trabalho sobre as representações da origem. No luto, esta é a condição para que possam efetuar-se a transmissão e a passagem das gerações.

Uma particularidade desse trabalho sobre a origem é o fato de pôr em crise aquilo que denominei como "suportes metapsíquicos"[11] dos membros da instituição: esses suportes consistem particularmente nas alianças fundadoras, nos reconhecimentos identitários, nos enunciados de certeza, nas ilusões nutrícias, nos interditos fundamentais: esses suportes são os apoios da formação e do funcionamento da psique. Em alguns casos, os "suportes metassociais" da própria instituição são abalados, isto é, aquilo que fundamenta sua autoridade sobre o direito e sobre o reconhecimento social.

Com esses conceitos, a análise que proponho tenta articular três espaços psíquicos: o de cada sujeito na instituição, o de seus laços entre si e com a instituição e o da instituição enquanto conjunto. O

---

[11] Sobre a noção de suportes metapsíquicos e metassociais conferir Kaës, 1985, 2005, 2007.

interesse desta abordagem de tríplice encaixe é, especialmente, o de evidenciar a relação de apoio que os suportes metapsíquicos assumem, mesmo sem o sabermos, sobre os suportes metassociais.

Nos lutos que eu evoco, acontece que a realização do trabalho sobre o originário se torna tão difícil para os membros da instituição, que se vai procurar então um interveniente de fora. O termo interveniente mereceria uma reflexão, mas eu gostaria de frisar que essa procura comporta objetivos variáveis: ela se formula muitas vezes como um pedido de ajuda ou de acompanhamento, mais raramente como um pedido de perlaboração das dificuldades encontradas. Ela encerra, às vezes, a expectativa ambígua de uma impossível substituição da pessoa desaparecida, o que envolve já intensamente os movimentos de transferência. O que é procurado por sujeitos dolorosamente atingidos é complexo e só se revela durante o trabalho da intervenção.[12] Quando os fundamentos se veem abalados, neste duplo nível meta, o trabalho da intervenção consiste essencialmente na localização desses diferentes espaços e de suas articulações, para que se possa interpretá--los com os membros da instituição.

Em um estudo, mais amplo que este, sobre o mesmo tema, propus uma abordagem diferencial dos quadros institucionais (Kaës, 1987, 1996). Os casos de figura correspondentes realçam uma certa importância das variáveis constituídas pela tarefa primária da instituição (por exemplo, o cuidado psiquiátrico ou a transmissão da psicanálise), pelo caráter público ou privado da instituição e, com certeza, pelos investimentos recíprocos entre os membros da instituição, a instituição e a figura do fundador. Mas, além dessas variáveis, todas as nossas intervenções têm um ponto comum: o de confrontar os sujeitos membros da instituição e as instâncias institucionais com uma problemática de passagem e de transmissão da vida e da morte psíquicas.

---

[12] Sobre os princípios metodológicos da intervenção psicanalítica nas instituições conferir o capítulo de J.-P. Pinel neste livro e Pinel, 1996.

Como em todo trabalho psicanalítico, o da intervenção em uma instituição se envolve com os movimentos da transferência. É necessário frisar a complexidade desses movimentos. A transferência remete sempre à procura que nos é dirigida e, aquém desta, àquilo que se atou na origem da instituição, como em seu hoje que carrega o sintoma. Essa emergência da transferência é que é difícil de localizar, porque a instituição comporta tantos lugares e tantos dispositivos transferenciais, que se torna necessário saber de que modo neles se manifesta a dinâmica das transferências e, mais precisamente, de que modo ela repercute sobre o psicanalista. Se não conseguimos experimentar e discernir a complexidade e as intensidades desses movimentos, os processos que eles mobilizam eletivamente (a difração e a conexão das transferências sobretudo) e os conteúdos transferidos para os diferentes locais das transferências, corre-se o risco de ficar oculta uma parte decisiva da realidade psíquica compartilhada pelos membros da instituição. Podemos então observar que aquilo que se põe fora do campo da análise retorna em atos, aumenta nossa impotência para compreender e manter nossa função e provoca em cada um o caos na capacidade de experimentar e pensar.

Morte de fundadores ou de chefes de serviço em instituições públicas

Vou começar pela exposição de uma intervenção em uma instituição pública.[13] Aquilo que especifica esse tipo de instituição (em minha experiência, trata-se de serviços hospitalares ou extra-hospitalares de psiquiatria: centros de crise, centros médicos psicopedagógicos, hospitais-dia), pode ser descrito sob diversos pontos de vista. Dizem respeito à tarefa primária ordenada ao cuidado psíqui-

---

[13] Em todos os casos clínicos apresentados neste capítulo, fizeram-se modificações em certos dados factuais, a fim de garantir a discrição sobre as pessoas, sem afetar a autenticidade dos processos descritos.

co, à organização hierárquica e à diferença entre as funções, ao tipo de relação econômica (o regime dominante é o do salariado), ao modo de recrutamento (geralmente não cooptativo). Observemos este ponto importante: em caso de tensão, de conflito, de sucessão, o papel decisório pertence à administração. Em minha experiência, a maioria das instituições que formulam um pedido de intervenção funcionam segundo referências psicanalíticas. Caracterizam-se por uma cultura específica.

O luto após a morte do fundador de um serviço de pedopsiquiatria

Eis aqui um primeiro exemplo clínico. Cerca de três anos depois da morte do chefe de um serviço de psiquiatria, recebi um pedido de ajuda feito pelos atendentes de uma unidade de cuidado: estão desamparados, perseguidos pela administração que anuncia o seu provável fechamento e por uma rápida sucessão de vários médicos-chefes de formação cognitivista, hostis à equipe e a todos os serviços do Dr. T. Poderia eu ajudá-los a compreender a crise, a tirá-los do marasmo e acompanhá-los em seu projeto de reconstituir a capacidade de trabalho em conjunto, como o faziam enquanto era vivo o Dr. T.?

No curso da primeira sessão exploratória, fico sabendo que essa unidade recebera muitos investimentos do Dr. T., seu criador, e que ele a considerava como seu "filho predileto", assumindo, assim, as feições de fundador carismático de todo o serviço, como se ele mesmo, no discurso dos atendentes, não tivesse tido predecessor. No luto, a equipe se reúne em torno da certeza dessa filiação preferencial, mas "a sombra do objeto perdido cai sobre o ego" de cada um e sobre a equipe inteira, a tal ponto que ela se fechou dentro de si mesma e se esforçou para manter sua linha clínica, objeto de seu investimento e da herança do fundador, fato que suscita muita inveja da parte de outras unidades. Fico sabendo que, algum tempo depois da morte do Dr. T., os locais da unidade receberam nova pintura e passaram por uma reforma, salvo o escritório do Dr. T., mantido do mesmo jeito, a pedido da equipe. Concordo em escutá-los. O dispositivo orçamentário nos leva a programar quatro sessões de meio-expediente, separadas por cinco a seis semanas. No total, "a intervenção" terá durado pouco menos de um ano entre a procura inicial e a última sessão.

A sessão seguinte faz aparecerem numerosos elementos persecutórios: o novo chefe de serviço, com o apoio da direção do hospital, ataca o conjunto da equipe em suas orientações psicanalíticas e cada um, em particular, por sua reticência em aceitar as novas orientações teórico-clínicas do atendimento. Mas não se travou nenhum debate. Os atendentes são sempre remetidos de novo a seu luto interminável com esta interpretação (selvagem): "Vocês não querem aceitar a mudança por não se resignarem com a morte do Dr. T.". Aqui se percebe como se confundem, numa perversa manipulação do luto pelo poder do médico-chefe, em conformidade com o poder da administração, os níveis meta (institucional, grupal) e o nível psíquico. Desamparados pela capacidade de pensar ao mesmo tempo a morte do fundador, a perda de seu reconhecimento identitário e os ataques que se precipitam sobre eles, os atendentes ficam deprimidos e só encontram sua unidade na dor, única coisa capaz de ampará-los solidariamente.

Mas, no decorrer da sessão irrompe uma importante descoberta: a equipe atual é constituída por recém-chegados que não conheceram diretamente o Dr. T. Há três gerações diferentes: os cofundadores, os "segunda linha" ou "segunda geração" e os novos. Sobre essa diferença, se embreiam diferenças nas expectativas e na concepção do atendimento. No começo das sessões seguintes, pergunto se lhes vieram à mente pensamentos desde o último encontro, se falaram a esse respeito em grupo ou não. Eles constatam que a perseguição externa aumentou a fragilidade de sua equipe diante da necessidade que sentem de manter o ideal terapêutico que partilhavam com o Dr. T.

Em um primeiro tempo, impõe-se a ideia de reatar o contato com "o exterior" (as outras unidades de serviço), mas esta é logo descartada: "Aqueles que estão perto de nós também estão ameaçados, talvez sejam até menos sólidos que nós, cerremos fileiras, fiquemos unidos". Os "cofundadores" permanecem firmes nesta posição; os "segunda linha" hesitam; os novos se calam. Sublinho essas diferenças.

Algumas semanas mais tarde, no início da sessão, a equipe se mostra mais desamparada que nunca: intensificam-se as ameaças de desaparecimento da unidade, enquanto a fila de espera se estende. Ultrapassada pelas procuras, sob a pressão da urgência, mas justificada em sua orientação clínica, a equipe sente-se agora forçada a reformular as condições de sua prática, os princípios organizadores da clínica, para sobreviver e salvar a herança. Já se realizaram os contatos com as outras unidades de serviço. Pela primeira vez não se pronuncia o nome do Dr. T. Os participantes estão centrados em torno do seu projeto, que se anuncia como um projeto de refundação. Friso esse projeto criado no seio de seu trabalho de luto.

A última sessão mostra que resignar-se com a morte do Dr. T. confrontou a equipe com a travessia de um espaço que vai ligar o caos ao projeto. Que cada um não é idêntico em face da perda e que, no entanto, existem valores de base partilháveis, e estes para permanecerem vivos devem ser retrabalhados, pensados de outro modo. Permanece de pé o problema que a equipe não pode tratar sozinha: o dos acordos e das divergências com o poder institucional. Esse problema, quando se encarna na perseguição real, dá corpo ao fantasma de onipotência e de impotência, paralisa a capacidade de pensar. Restaurar essa capacidade foi o resultado dessa intervenção.

Elementos de análise

A clínica desse caso mostra diversos pontos de convergência com situações em que a morte ou a saída de uma pessoa colocada em posição de fundador, em uma instituição ou em um setor da instituição, cria um sofrimento especificamente institucional.

A não aceitação do novo médico-chefe é uma constante quando o fundador falecido, ou que foi embora para assumir outra função, ou se aposentou, foi idealizado. A ilusão grupal mantida tinha, sem dúvida, seu fundamento sobre uma real apreciação das qualidades de um homem ou de uma mulher de excepcional estatura, coisa que certamente vai causar problemas para garantir sua herança, muito pesada e doravante deixada unicamente aos herdeiros órfãos. A ilusão e a idealização que perduram são também uma medida de defesa contra situações diversas: a hostilidade do ambiente, a dificuldade de manter uma prática que requer muito investimento psíquico e suscita enorme angústia. Quando desaparece uma personagem como essa, os sentimentos hostis dificilmente se manifestam e tomam muitas vezes o caminho de uma queixa contra aquele ou aquela que abandonou o serviço, deixando seus membros expostos e sem proteção.

Ocorre muitas vezes que um processo de totemização acompanhe a ilusão grupal: "Com ele – com ela –, nós éramos os melhores". Não se trata de discutir aqui se é ou não legítima essa ilusão: a equipe, a instituição têm necessidade dela, é uma criação dela. Trata-se, antes, de observar seus efeitos, entre os quais é frequente observar uma idealização do "antes maravilhoso". Penso em uma instituição onde certos enfermos, admitidos na origem da unidade de atendimento, ou do tempo em que era dirigido por um chefe de serviço carismático, foram "conservados" no serviço e fetichizados como "enfermos ancestrais", na ilusória esperança de voltar ao tempo da fundação ou conservar o objeto das origens, como relíquias. No tempo do luto, a totemização e a relíquia auxiliam as defesas contra os desligamentos e as desorganizações psíquicas, particularmente aquelas que atingem os laços atuais entre os membros da equipe. Pode-se também observar que, nesses casos, a agitação maníaca se alterna com o desmoronamento depressivo e o marasmo.

A manutenção de estruturas estabelecidas pelo e com o fundador, por mais justificáveis que sejam, funcionam também como uma tentativa de sobrevivência do tempo de antes. A procura intensa de representações anteriores partilhadas fornece ao imaginário comum cenas ou pensamentos em que a idealização defensiva pode repetir-se, mas também em que pode ser dita, "contanto que haja alguém para ouvir". A função do psicanalista interveniente é ser esse ouvinte, escutando aquilo que lhe é comunicado na transferência e que ele ouve de seu lugar. Até a perseguição e as ameaças reais podem apoiar um reforço do narcisismo fragilizado: "ainda somos os melhores; por isso nos atacam", e o interveniente fica incluído nessa idealização. Ouvimos então dizer: "Temos o melhor", ou então: "Ele nos julga severamente e vai nos abandonar". Enquanto a transferência não encontrou seu objeto, afirmou seu conteúdo e manifestou sua visada, enquanto se instaura e se mantém esse circuito fechado perseguição-idealização, não se pode avaliar corretamente a parte que cabe à ameaça real e à ameaça imaginária.

Ao ocorrer a tomada de consciência das diferenças no seio da equipe – aqui a das gerações -, eis aí um momento decisivo: é a consciência da distância entre aquilo que pertencia ao tempo de antes e o que pertence ao hoje.

Uma morte traumática negada

Um segundo caso clínico nos oferece outras matérias para reflexão.[14] Trata-se de uma equipe de atendentes em um hospital-dia que funciona como unidade de cuidados psiquiátricos para adultos. Mantive durante vários anos uma escuta primeiro semanal e depois mensal desses atendentes, dando-lhes assistência na elaboração de sua prática.

A sequência que vou relatar situa-se após alguns anos de funcionamento, no momento em que a equipe se sente angustiada diante da eventualidade de uma redefinição de seu projeto terapêutico. Os resultados parecem positivos, mas desde alguns meses nada vai adiante,

---

[14] Esse caso já foi publicado, com outros comentários, no capítulo I ("Souffrances et psychopathologie des liens institués. Une introduction"), escrito por Kaës, Pinel et alii, 1996.

surge uma crise após a outra, sem que se possa pensar em uma saída. Tudo se passa como se ninguém pudesse fazer nada.

Durante alguns meses, uma violenta reivindicação contra o médico-chefe havia se alimentado de todos os motivos disponíveis. Sua autoridade era ao mesmo tempo contestada e reforçada pela idealização constante de que fora objeto. Ao mesmo tempo, setores inteiros da vida cotidiana pareciam ter retornado a uma espécie de anarquia nas relações entre os atendentes: disputavam entre si a "propriedade" dos pacientes, cada um reivindicava a supremacia de sua capacidade terapêutica e desacreditava todos os outros. A seguir, durante o período que precede as sessões que vão reter nossa atenção, os atendentes manifestam um profundo abatimento, uma apatia ou um estupor, aos quais dão lugar momentos de intenso ativismo. As censuras contra o médico-chefe mudam de objeto e de tom: ele estaria açambarcando todos os pacientes, e todos os resultados positivos deveriam ser creditados a ele. Todos dizem que estão se sentindo muito mal, pessoalmente e em suas relações, muitas vezes ranzinzas, entre si e com os pacientes: alguns dos atendentes mostram desejo de irem embora, o trabalho não lhes dá mais prazer.

Começa a sessão, como acontece geralmente há meses, com um longo e pesado silêncio. Cada um olha para os outros furtivamente e abaixa a cabeça, mergulhando no "vazio de seus pensamentos", dirão alguns. Um enfermeiro pergunta, em tom agressivo, se vão continuar dormindo assim, enquanto os pacientes estão sofrendo. "Por que continuar?" – pergunta o psicomotricista, em um movimento depressivo que o deixa assim há várias sessões, "não estamos mais em um hospital-dia, mas em um hospital onde é possível passar a noite, dormir é o regime diário há mais de quinze dias, todo o mundo dorme, como nas crônicas". Um enfermeiro se queixa: "há doentes demais, deveras, e alguns seria melhor até que sumissem!"

A violência desse anseio de morte, que visa tanto o médico-chefe quanto os pacientes, reforça o silêncio; cada um se retorce dentro da própria bolha. Chamo a atenção para o fato de que já há algum tempo estão ocorrendo frequentes ausências às sessões. O enfermeiro que se manifestara preocupado com o interesse dos pacientes confirma, tem havido abandonos entre os atendentes: "Há colegas com os quais não se pode contar, que desaparecem de verdade sob os mais diferentes pretextos, e outros ainda que se esquivam a ponto de deixarem nervosos os pacientes". Alguns membros da equipe relatam que ainda na véspera um deles tinha esbofeteado uma atendente. Perguntei o que se passara então na equipe. Eles me respondem que, contrariamente à regra habitualmente aplicada, o *acting* não foi sancionado, não houve exclusão temporária do agressor. Pergunto pelo motivo dessa derrogação. "Ninguém interveio – dizem-me eles –, todos se sentiam verdadeiramente mal, paralisados, em todo o caso desprotegidos e vagamente culpados pelo que acabara de acontecer". Mais tarde, dirão que não puderam fazer nada, por isso não se importaram.

    Torna a reinar o silêncio, e o marasmo se prolonga na equipe. Alguns dos atendentes deixam temporariamente a sala, sem dizerem palavra alguma; depois voltam sem demora. Chamo a atenção para essas saídas atuais, aqui e agora; lembro os "desaparecimentos" que evocaram, o *acting*, o silêncio, os silêncios, os anseios de morte. Os membros da equipe sentem-se aliviados para que eu diga alguma coisa a respeito desses desaparecimentos, mas constatam que não lhes ocorre pensamento algum a esse respeito, trata-se de um vácuo. Não conseguem associar nada quando evoco os "anseios de morte". Desisto de insistir sobre esse ponto delicado e lhes pergunto sobre outra cena que poderia prender-lhes a atenção ou que lhes pudesse vir à mente neste momento, esclareceria o que se está passando justamente agora e talvez o que aconteceu com a bofetada.

    Logo vem de novo à baila, com certo efeito surpresa, um episódio que alguns deles haviam esquecido: três semanas antes, uma espécie de cerimônia de noivado, entre uma paciente que representa um pouco a lei no serviço e um paciente muito dócil, foi organizada pelos doentes, com a aprovação de alguns atendentes que haviam aceitado a princípio, mas com a condição de que se tratasse de uma encenação.

Cada um destaca o lado muito espetacular da "cerimônia", mas também o fato de que a representação não fora inteiramente una, visto que os dois interessados logo de saída confirmaram sua intenção de "ficarem juntos". Seguiu-se daí perturbação e excitação, e a cerimônia se transformou em um misto inquietante de carícias e pancadas entre os dois "noivos". A seguir, de repente, a noiva desapareceu e foi procurada durante boa parte do dia. Depois, não se perguntou mais sobre o que acontecera naquele dia.

Observo que está em pauta justamente um desaparecimento, e que se trata da noiva. Isso para eles significaria alguma coisa? Os participantes voltam ao começo da sessão: os desaparecimentos desejados se referindo a certos doentes, o pensamento de que o chefe de serviço talvez estivesse ausente nessa sessão, os desaparecimentos ocorridos no decurso da sessão.

Um enfermeiro diz então que o desaparecimento da noiva lhe recorda o desaparecimento violento do casal que dera origem à instituição. O homem havia morrido em um acidente pouco tempo antes da criação do hospital. E a mulher, que fora escolhida pelo fundador para secundá-lo, tinha ido embora logo após a abertura da unidade de atendimento, sem dar satisfação, e ninguém tivera mais notícias dela durante um bom tempo. Sobre essa morte e esse desaparecimento ninguém falara uma palavra, e os mais moços nada sabiam a esse respeito.

A volta desses fantasmas, conjugada a seus fantasmas de mortes sobre o médico-chefe e os pacientes (seus objetos de inveja), vai ainda deixar deprimidos os atendentes durante algumas sessões. Mas, dali em diante, o trabalho de elaboração vai seguir o roteiro seguinte: no decurso de uma sessão, eu lhes digo se é provável que os doentes sofram com o desengajamento dos atendentes, estes, os atendentes, com suas diversas formas de desaparecerem, talvez não sofram menos que os enfermos. Parecia-me evidente que eu deveria primeiro reconhecer o próprio sofrimento deles. Enquanto isto não fosse reconhecido, as cobranças superegoicas, para que acordassem e ficassem ativos, para reelaborarem o projeto terapêutico, não tinham outro efeito senão o de reforçar sua apatia, ou seja, sua proteção contra o sofrimento. Era também imperativo reconhecer que tinham necessidade de se aconchegar no sono. O termo sono que utilizo será retomado por alguns deles, para evocarem "o último sono" do fundador e o silêncio da cofundadora.

Quando isso foi enunciado e compreendido, tornou-se também possível falar das duas cenas que os atendentes tinham deixado desenrolar-se, sem que pudessem nem pensar, nem agir em conformidade com sua prática habitual: a cena da bofetada e a do noivado. A maioria deles dirá que ficou fascinada diante dessas duas cenas, que ficou estupefata diante do sumiço da "noiva", que teve uma paralisia mental. Eu vou lhes propor a ideia de que o interesse de cada um, pelo menos de alguns dentre eles, se não de todos, talvez fosse, naquele momento, deixar desenrolar-se, sem saberem, uma certa massa de significação quanto a uma cena para eles angustiante, mas fascinante, isto é, atraente e repugnante. Podiam desse modo lançar mão simultaneamente, por suas defesas inertes, dos dispositivos de ocultação do sentido dessas cenas. Todos irão confirmar que haviam inexplicavelmente se contido, mesmo não aprovando a bofetada, como também não sendo capazes de separar a representação do valor ritual que a cerimônia estava realmente tomando: tudo havia se passado como se estivessem esperando um ataque, talvez a sanção de uma verdadeira-falsa promessa de casamento, cujas testemunhas e cujos destinatários eram eles.

Essa transformação da cena da fundação, fixada no silêncio prolongado sobre uma origem ferida de morte e desaparecimento, em um cenário portador do sentido de seu profundo desconforto, de sua incerteza quanto a serem desejados, no momento de redefinir o projeto fundador, tornava agora inteligível o comportamento deles: haviam permitido que se encenasse o apagado enigma da origem para predispor suas localizações do sentido. A proximidade com o sentido inaceitável os mergulhava no marasmo e na confusão.

A análise procurou compreender o porquê desse comportamento dos pacientes da equipe dos atendentes, em alguns mais precisamente. Com certeza, cada um participava nesses *actings* pelo benefício que daí obtinha por conta própria, do jeito que os atendentes os deixavam desenrolar-se, cada um encontrando em si o próprio interesse, associado ao dos outros. Todavia, uma ideia permitiu precisar o alcance dessa aliança, uma vez que ela se tornou suficientemente pré-consciente: o que os pacientes representavam por própria conta era também destinado a chamar a atenção dos atendentes sobre o sentido. Essa ideia permitiu compreender por que resistiam a escutar os pacientes: os segundos esperavam dos primeiros que se engajassem novamente no contrato de cuidado que os unia em "noivado". Impunha-se, de todos os lados, compreender o que colocara em perigo a confiança.

Esse momento de trabalho com a equipe se prolongou em torno desse nó de problemas durante mais alguns meses. No curso desse trabalho, a análise de suas transferências sobre mim permitiu depreender o que mantinha a violência deles contra o médico-chefe, substituto usurpador do casal das origens. Tratava-se justamente de voltar ao momento em que o ato de fundação tinha, de certa forma, se dessimbolizado e se vira pego na repetição da cena assassina das origens. Isso tornava incompreensíveis as implicações de toda essa fase de violência anarquizante, na medida em que se condensavam o anseio de morte do usurpador, mas também de toda figura de pai, e a busca desesperada de um totem capaz de restabelecer a ordem simbólica e o pacto dos irmãos.

Só ao término dessa análise é que se desvelou o que permanecia desconhecido em suas procuras iniciais a meu respeito: segundo eles, em suas transferências sobre mim, eu devia refundar a instituição e permanecer com eles por toda a eternidade. Depois disso, pudemos nos separar.

Elementos de análise

Podemos considerar vários níveis de leitura daquilo que é fonte de sofrimento nessa instituição. Vou propor três:

— **A falta de representação da origem:** As exigências de trabalho psíquico, as quais estão em falta e acarretam sofrimentos psíquicos nos atendentes e nos enfermos, podem ser relacionadas à falta do trabalho da representação da origem. O trabalho de reinício do projeto terapêutico esbarra no poder da morte que marcara o nascimento da instituição, no "passado sob silêncio", mantido pelos primeiros atendentes e que volta à cena na instituição, à procura de sentido.

Deixar que se forme uma representação tolerável da origem é deixar cada um representar-se nesse espaço psíquico primeiro, do qual é parte ativa, do qual recebe suas referências identificatórias. O sofrimento narcísico dos atendentes encontra nessa falha o seu ponto de fuga infinito: seu narcisismo não pode se apoiar sobre "os sonhos de desejos irrealizados" (Freud, 1914) dos fundadores, que brutalmente desertaram o espaço, onde tinham de se constituir, para serem reconhecidos e reconhecerem-se membros da unidade de dia, parte ativa de um contrato que sustentaria seu projeto.

— **O regresso à horda e os fantasmas de assassinato**: Sublinhei os movimentos de regresso à horda, sob o império da repetição do assassinato do pai das origens pelo usurpador, representado pelo médico-chefe, sobre o qual se projetava o mesmo desejo nos atendentes. Aqui ainda está em falta a atividade simbolizante que teria possibilitado a mutação da horda em grupo-instituição.

— **O trajeto e a transmissão dos objetos psíquicos na instituição**: Pode-se esclarecer este nível de análise pela problemática da transmissão e do deslocamento dos objetos psíquicos na instituição. Hoje, essa problemática se ampliou e se especificou consideravelmente. O conceito de laço intergeneracional e transgeneracional permite descrever os princípios e as modalidades da transmissão da vida e da morte psíquicas entre e através das gerações.

Duas alterações radicais modificaram a problemática e a abordagem dos problemas intergeneracionais. A primeira introduziu a hipótese da pulsão de morte e, além do "princípio de prazer", a questão da repetição e do traumatismo inelaborável. A segunda alteração surgiu depois das descobertas clínicas da psicose e de seu tratamento, da psicanálise aplicada às crianças e aos doentes psicossomáticos. Ela introduziu as categorias do Negativo, do irrepresentável e do intransmissível.

Paralelamente a essas pesquisas, a renovação dos dispositivos do trabalho psicanalítico (psicodrama psicanalítico, análise e psicoterapia psicanalítica de grupo, psicoterapia familiar psicanalítica) desempenhou um papel decisivo. Esses dispositivos nos possibilitaram pensar, a partir de novos conceitos, aquilo que se transfere e se transmite do espaço psíquico de um sujeito ao espaço psíquico de um outro sujeito, ou de mais de um outro sujeito, e no espaço intersubjetivo que se constroi a partir de seus laços. O que se transmite são essencialmente "configurações de objetos psíquicos", isto é, dos objetos munidos com seus laços àqueles que precedem cada sujeito. Aquilo que se transmite e constitui a pré-história do sujeito não é só aquilo que ampara e assegura, em positivo, as continuidades narcísicas e objetais, a conservação dos laços intersubjetivos, as formas e os processos de conservação e de complexificação da vida: ideais, mecanismos neuróticos de defesa, identificações, pensamentos de certezas. Um traço notável dessas configurações de objetos de transmissão é que levam a marca do "negativo". O que se transmite é aquilo que não pôde ser contido, aquilo que não se conserva, aquilo que não se recorda, aquilo que não encontra inscrição na psique dos pais e por fim se deposita ou se enquista na psique de uma criança: a falta, a doença, o crime, os objetos desaparecidos sem rastro nem memória, e para os quais não foi possível realizar um trabalho de luto.

Daí resulta que a problemática da transmissão não se organiza mais apenas como a dos significantes e dos desejos pré-formados e deformados que nos antecedem, mas como a dos significantes congelados, enigmáticos, brutos, sobre os quais não foi efetuado um trabalho de simbolização. O objeto da pesquisa não é mais somente a continuidade da vida psíquica, mas as rupturas, as falhas, os hiatos não pensados e impensáveis, o nivelamento dos objetos de pensamento, os efeitos da pulsão de morte. São essas configurações de objetos e de seus laços intersubjetivos que são transportados, projetados, depositados, difractados nos outros, em mais de um outro. Os lugares psíquicos, as tópicas da instituição são múltiplos. Trilhas obscuras os ligam uns aos outros, mas às vezes são como trechos isolados, fragmentados, clivados.

O trabalho da herança em duas associações de psicanalistas

Os dois exemplos que vou agora relembrar estão centrados em torno do trabalho da herança, em torno das vicissitudes de sua transmissão por duas associações formadas por psicanalistas. O que aqui está em jogo poder-se-ia evidentemente ler sob o ângulo da história do movimento psicanalítico e reciprocamente esclarecê-lo. No quadro deste capítulo, eu gostaria apenas de explanar algumas ideias elementares que serão ulteriormente desenvolvidas.

Será conveniente distinguir as associações (grupos, sociedades, escolas etc.) de psicanalistas das instituições públicas ou privadas de que falei nos dois exemplos anteriores. A diferença no estatuto jurídico dessas organizações deveria ser aprofundada, mas ao que me parece poderia ser exposta, mesmo sumariamente, para mostrar uma característica das associações que me afigura-se assumir uma certa importância na perspectiva dos laços entre seus membros.

Diversamente das empresas comerciais ou de prestação de serviços, ou das instituições públicas, as associações são fundadas sobre a adesão voluntária de seus membros a um objeto social que as identifica e as legitima. Não se trata, aqui, de um recrutamento profissional, mas de uma adesão a um conjunto de projetos, de valores diversos, suficientemente partilháveis e mais ou menos objetiváveis, e cuja expressão se manifesta particularmente por uma cotização necessária para manter a instituição. A decisão de aceitar um novo membro é concluída pela sua cooptação, geralmente após um estágio de observação. Essa afiliação implica certo número de contratos de reciprocidade, dentre os quais um elemento central é constituído pelo contrato narcísico. Este gera os referenciais identificatórios e as marcas de pertença, mas também a relação ao objeto fundador da associação e, por outro lado, a relação ao(s) fundador(es).

Na medida em que essas associações de psicanalistas não são empresas – pois não têm o lucro por objeto e o regime salarial fica estritamente reservado aos empregados –, não implicam, a princípio, dependência econômica entre seus membros. Todavia, seria um equívoco subestimar a importância do equivalente da remuneração salarial. Quero referir-me ao reconhecimento social e à dívida que gera, mas também e em primeiro lugar à remuneração narcísica da pertença a uma associação. Temos aí uma característica geral de qualquer associação, mas se pode admitir que assume particular importância e produz efeitos específicos nas associações de psicanalistas.

Outro ponto importante: em caso de tensão, de conflito, de sucessão, o papel decisório pertence ao conselho de administração ou à assembleia geral dos membros da associação. Há nessas associações uma saída para os conflitos que as empresas poucas vezes conhecem: essa saída é a cisão. As associações se dividem em duas ou se fragmentam em vários pedaços, para se reproduzirem, muitas vezes de modo idêntico, com base em requisitos ideológicos, e não econômicos. Sem dúvida, empresas se fecham ou se dissolvem, e os assalariados perdem o emprego e o salário. Mas, quando as associações sofrem uma cisão, a natureza da sua organização social põe em primeiro plano a ruptura das alianças inconscientes que sustentaram a adesão e, em particular, o contrato ou o pacto narcísicos – com seus enunciados de valor e os conceitos que os identificam e fornecem a seus membros referenciais identificatórios decisivos. A cisão, enquanto se impõe como ruptura, muito poucas vezes como verdadeiro processo de separação, acaba prejudicando o processo de elaboração daquilo que provocou os conflitos.

Todas as instituições sociais, quer sejam associativas ou empresariais (produtivas, comerciais ou prestadoras de serviços), estão ordenadas à tarefa primária que as organiza. Os trabalhos dos psicossociólogos nos ensinaram que a estrutura da tarefa primária, seu investimento e as representações de seu objeto desempenham um papel determinante na organização da instituição, em seu funcionamento e em suas crises.

Em cima dessas bases, ainda por precisar, minha própria participação em tais associações, mas também a clínica das intervenções nessas associações (este caso de figura é muito raro), me levou a suscitar a questão seguinte: quando a associação é uma associação de "psiquistas" (termo genérico de André Berge), em que a psicanálise é o referencial da atividade psicoterapêutica de seus membros e, a *fortiori*, em se tratando de uma associação de psicanalistas, de que jeito definir as particularidades de seu objeto, de seu recrutamento, do exercício do poder, da formação e da transmissão da psicanálise? Como se trabalham os processos de mudança ao sobrevir a partida ou a morte de um fundador?

Dado ser-me evidentemente impossível responder a todas essas perguntas no quadro deste capítulo, vou limitar-me a propor alguns pontos de referência através de dois breves exemplos.

A partida e a morte do fundador carismático de uma associação de psicanalistas

Fora da França tive a chance de intervir em associações psicanalíticas, para trabalhar com seus membros alguns problemas institucionais suscitados pela recepção e pela transmissão da herança de um fundador ou de um grupo de fundadores. Minha condição de estrangeiro e os conhecimentos que adquiri sobre certos aspectos da realidade psíquica das instituições possibilitaram, sem dúvida, essa procura. Essa dupla condição disponibiliza, por outro lado, uma linha de fuga bastante útil para lidar, num momento ou em outro, com as resistências ao trabalho solicitado: "Ele é de fora, será capaz de compreender o que nos está acontecendo? Ele trata de instituições, será mesmo psicanalista?". Há de se admitir que é bastante complicado, para um analista, trabalhar as transferências em uma instituição psicanalítica.

Suponha-se uma associação de psicanalistas, situada em algum lugar do mundo. Conheço alguns de seus membros. A solicitação que me fazem soa assim: poderia eu ajudá-los a compreenderem a história e o que se passou entre eles antes e depois da morte violenta do fundador da associação? Essa morte é vivida por muitos como o trágico resultado de uma cisão que pouco tempo antes se produzira na associação, num clima de grande violência: exclusão, acusação pública de faltas profissionais, injúrias, humilhações. Aqueles que me enviam esse pedido de ajuda fundaram uma outra associação depois dessa cisão. Sentem-se agora mais ou menos responsáveis pela morte do fundador, e algumas perturbações bastante graves sobrevieram a alguns de seus colegas. Aceito trabalhar com eles e combinamos um protocolo de trabalho, composto por duas sessões de quatro horas cada uma.

Proponho que me contem a história de sua associação: ela foi fundada por um grupo de psicanalistas, homens e mulheres, tendo por base uma primeira cisão. Todos estão de acordo quanto a pensar que o motivo de divergência se referia ao modo de conceber a formação. Todavia esse motivo banal e, com muita insistência, apresentado como causa das cisões encobre, a meu ver, uma outra realidade constante, muito mais difícil de admitir: a insuportável trama incestual, no mais das vezes fantasmada, que se estabelece na formação, mas também em suas "realizações" mortíferas. Essas realizações são excepcionais, mas se conjugam com o próprio motor do trabalho psicanalítico, com a dificuldade de receber e analisar as transferências, as do analisando e as do analista, vias de acesso aos processos e às formações do inconsciente. Uma certa maneira de escrever a história da psicanálise encriptou as figuras incestuais das primeiríssimas psicanálises e, na falta de articulação das dificuldades clínicas com os processos institucionais e grupais, as associações repetem seus impasses, a *fortiori* quando são muito pequenas ou se acham confinadas em regiões culturalmente isoladas.

No caso que nos ocupa, trata-se a também de uma constante bastante banal, a segunda fundação fora vivida na ilusão grupal, com suas consequências positivas e negativas: "Nunca repetiremos os erros que denunciamos", "estamos muito bem juntos, vamos permanecer entre nós".

Depois de constituída, a associação tem dificuldade em atrair novos membros, os membros estão divididos quanto à questão do número e da qualidade das adesões a receber, mas estabelecem um dispositivo de formação que tem como propósito, antes de tudo, evitar os perigos da associação da qual haviam se separado. Aqui, não posso entrar em muitos pormenores sobre esse projeto, mas aconteceu que um dos cofundadores, que se tornara para eles a figura central de sua associação, e cuja morte os deixara tão abalados, ficou preocupado com os novos riscos de endogamia ideológica e com as tramas incestuais reveladas pelos apoios passionais de alguns membros titulares a seus "alunos". Dotado de grande prestígio junto a seus colegas, admirado pela maioria deles, ele se empenha então em abrir a instituição, em desenvolver relações com outras associações psicanalíticas, inclusive com aquela cujos laços havia rompido quando da cisão, a trabalhar novamente a reflexão sobre a formação. Mas suas iniciativas se esbarram com violentas oposições de alguns de seus colegas, o debate fica logo encoberto, aumentam as tensões, e as acusações de práticas sexuais se desenvolvem com enorme repercussão fantasmática em toda a associação. Inarraigável incestualidade.

É intolerável o despertar de situações traumáticas sofridas na análise e no percurso de formação. Ao fim de alguns meses, o cofundador anuncia a seus colegas que está indo embora, visto a nova associação repetir os mesmos impasses daquela que havia deixado.

Sua partida é vivida como desaprovação da aventura que viveram com ele, um questionamento da legitimidade de sua cisão. É também dolorosamente sentida como uma traição, pois ele os deixa com o projeto de ir fundar uma outra associação psicanalítica: que se trate de uma intenção a ele atribuída não muda, em nada, a hostilidade que sua ida provoca em alguns deles. Após sua partida, aqueles que permaneceram na associação iniciam um trabalho de idealização da época em que sua refundação, depois da primeira cisão, foi dirigida pelo líder que agora os "abandonou". Travam-se conflitos permanentes, quando sobrevém a morte dele, por suicídio. Verdadeira catástrofe para a maioria daqueles que se chamam a partir daí "sobreviventes". O marasmo é intenso, e se exprime por somatizações, depressões, tentativas de suicídio e a saída de novos "alunos". Todos sentem forte complexo de culpa diante da morte, a ponto de esta levá-los a se oporem durante meses a qualquer mudança, "para preservar o patrimônio deixado como herança pelo fundador". Até o momento em que me pedem ajuda.

Depois do relato da história e de suas últimas versões – consagro uma particular atenção a essas versões e a suas repetição –, trabalhamos o paradoxo que era a conclusão de sua aventura: "para preservar o patrimônio do fundador, que preconizava a mudança na instituição, não se deve mudar nada". Com efeito, nada se devia mudar, pois não se devia pensar naquilo que o fundador revelava propondo a abertura da associação e a elaboração da história da cisão. Ele apontava, com efeito, o amálgama de todas as transferências estabelecidas entre seus analistas formadores e o grupo dos "irmãos e irmãs", rivais e envergonhados, a repetição dos cenários incestuais estabelecidos nas transferências e, afinal, as alianças inconscientes defensivas ou patógenas que, do pacto narcísico perverso aos pactos denegativos, tinham sido desencadeadas e conjuntamente preservadas, a fim de manter suas implicações fora do trabalho analítico.

No curso da segunda sessão, voltamos a trabalhar as causas recalcadas ou denegadas da primeira cisão. Tivemos então ensejo de retomar, mais de perto, aquilo que fora insuportável no que o projeto do fundador revelava e começamos a articular a caminhada pessoal dos analistas com os efeitos de grupo que tinham produzido juntos e os fizeram embarcar nas cisões sucessivas. Foi possível começar a elaborar o momento da partida do cofundador, vivido por alguns como uma traição e por outros como um assassinato. A relação entre sua partida e sua morte violenta pôde ser questionada e dissociada de uma representação de causalidade linear, e a culpabilidade quanto a isso tornar-se menos pesada, ao passo que se efetuava a descondensação de várias fontes de culpabilidade e se tornavam pensáveis as tramas incestuais, fantasmadas ou reais, de sua própria formação. Passava a ser claro, com efeito, que a cisão fora um meio de não abordar essas tramas incestuais, a não ser pela fuga e a negação.

A partida de D. Anzieu do CEFFRAP e o trabalho da herança depois de sua morte

O CEFFRAP foi fundado, em 1962, por D. Anzieu e alguns outros psicanalistas, a fim de promover a pesquisa e a formação para o trabalho psicanalítico nos grupos. Anzieu deixou o CEFFRAP no decorrer de um período em que nossa associação passava por uma crise de crescimento de suma importância. Essa crise tinha a ver com o desenvolvimento das atividades do CEFFRAP, a ampliação do número de seus membros (até então cerca de uma dúzia), a integração do trabalho psicanalítico com as famílias, a criação de um setor de psicoterapia psicanalítica de grupo, o estabelecimento de relações com as outras associações que reuniam psicanalistas de grupo. Havia um conflito contrapondo aqueles, dentre nós, que eram a favor de manter o pequeno grupo no projeto originário e no número restrito de seus membros e aqueles, dentre os quais Anzieu, seu pioneiro e porta-voz, que desejavam "refundar" o CEFFRAP sobre as bases que acabo de descrever. O desacordo com a maioria do grupo acarretou sua partida, que acabou vivenciada com uma angústia muito forte de abandono e como desaprovação do contrato de fundação. Além disso, ele nos deixava para ser o cofundador de uma outra associação.[15]

---

[15] A.PSY.G: Associação para o Desenvolvimento de Técnicas Psicanalíticas de Grupo, fundada em 1981.

Seus partidários hesitaram em segui-lo e, afinal, não o seguiram, esperando fazer a associação evoluir para as posições em que Anzieu tropeçara. Por um período bastante longo, que se seguiu a sua partida, instala-se uma oscilação entre movimentos depressivos e reações paranoide-esquizoides. No decurso desse período, predomina-se a resistência a qualquer mudança: toda proposta nova, de procura de novos membros, de estabelecimento de colóquios ou de novos dispositivos de trabalho, esbarra em vivas e conflituosas oposições. Essa recusa de qualquer inovação se manifesta em diversas expressões repetitivas. Um cenário repete a ameaça da partida: "Se vocês não querem essa iniciativa, vou-me embora". Na realidade, ninguém vai, em todo caso, não por esse motivo. Realiza-se, afinal, alguma coisa, mas ao preço de permanentes conflitos internos que atualizam contraditoriamente a idealização do fundador e o ódio, suscitados por sua partida, vivenciada como abandono-traição. Durante alguns anos, não recrutamos novos membros.

Depois da saída de Anzieu, os problemas administrativos e fiscais, com que regularmente se deparam as associações, são vividos como ataques de fora e acentuam esse sentimento de abandono. Essas vivências persecutórias e depressivas são sempre reativadas quando sai ou quando morre um fundador. Compõem uma posição defensiva que se associa à recusa de qualquer inovação.

O modo de funcionamento do CEFFRAP, tendo por base uma atenção bem precisa às relações entre a clínica dos grupos e os movimentos psíquicos que atravessam a associação, possibilitou uma elaboração dessas dificuldades. Recrutaram-se então novos membros, travaram-se relações com as associações de grupo que trabalham com o referencial psicanalítico, organizaram-se colóquios, foram implementados e trabalhados dispositivos metodológicos novos, e estabeleceu-se um dispositivo de formação de psicodramatistas, realizando *a posteriori* o projeto de Anzieu. Um período fecundo de calma e de atividades se segue, no momento em que se agrava a longa doença de Anzieu.

A morte de Didier Anzieu, em novembro de 1999, permitiu que fosse retrabalhada, posteriormente, sua partida traumática do CEFFRAP. De novo, fases de marasmo e de crise se alternaram com momentos marcados pela idealização do antes maravilhoso. A ilusão grupal ("com ele nós éramos os melhores") ocultou o trabalho de luto.

O mito de Anzieu fetichizou o pai-fundador, mas, no fundo, persistiam a agitação, a recusa periódica da mudança e da inovação, e a suspeita de que aqueles que queriam inovar, fiéis, nisso, ao espírito de Anzieu, poderiam desorganizar nosso grupo. No entanto, progressivamente se instala a consciência mais realista da distância entre aquilo que pertencia ao tempo de antes e ao que se passa hoje. Dissipou-se a ilusão de retornar ao tempo da fundação, de conservar o objeto das origens.

Essa elaboração de nossas relações à figura de Anzieu e nossa história comum se efetuou através da prioridade que sempre concedemos à análise clínica de nosso grupo em sua relação com nosso conjunto trabalho de psicanalistas.

Em nosso grupo coexistiram contraditoriamente dois discursos: por um lado, "não conservamos os termos do contrato, por isso Anzieu nos abandona", mas, por outro, "ele modifica o equilíbrio narcísico do grupo ao inovar, ele ameaça o grupo, tem de ir embora". Os momentos de fúria narcísica contribuíram para mascarar o complexo de culpa diante da partida do fundador. A doença e a morte de Anzieu, que sobrevêm num período ainda frágil para nosso grupo, provocaram uma regressão para um complexo de culpa depressiva, do qual procuramos nos livrar por um processo de fetichização do antes maravilhoso.

A partida efetiva de Anzieu suscitou ao mesmo tempo a atualização da ambivalência a seu respeito e a idealização do "antes" como resistência à mudança, particularmente por não se aceitar, durante muito tempo, a inovação e o recrutamento de novos membros. Essa não aceitação se exprimiu em duas fórmulas que dão testemunho do efeito narcisístico de morte, tanto do lado do sujeito como do lado da instituição. Do lado do sujeito, a fórmula poderia soar assim: "Nada será bastante idêntico ao objeto perdido idealizado, nenhum objeto pode substituí-lo". Do lado da instituição, a fórmula seria a seguinte: "Nenhum membro novo pode corresponder a nossa imagem, à imagem de nosso ideal com o qual nos preservamos de qualquer investimento novo sobre objetos que não seriam idênticos a nós idealizados".

No entanto, como diz Freud a respeito do assassinato do Pai da Horda, uma obediência *a posteriori* vai acolher favoravelmente o desejo do fundador. Se conseguimos nos engajar na formação de novas gerações, é sinal que está em curso o luto do objeto perdido. Deixamos de nos perder como crianças abandonadas que não querem adquirir nada por novas experiências, pois isso seria pôr em perigo a idealização da criança maravilhosa que continuam a levar dentro deles.

O problema central que pudemos trabalhar é o da dependência psíquica em relação ao fundador idealizado: embora sua morte tenha sido anunciada devido a sua prolongada doença, e a coragem com a qual ele a enfrentou estivesse presente na recordação de cada um, havia colegas que diziam que ele morrera cedo demais, como se não devesse ter morrido: deveria ser imortal. A morte, quer seja acidental, brutal ou término de um longo processo, é vivida como prematura por suscitar a questão do tempo no processo do trabalho da transmissão. O tempo, "para ganharmos e nos apossarmos daquilo que herdamos de nossos pais", não pode se fazer na urgência. Quando a morte sobrevém brutalmente, apropriar-se da herança é um ato de violência, vivido como um roubo, um sequestro perigoso. Seja como for, é preciso tempo para se distinguir, diferenciar e separar o fundador da instituição que ele foi, mas que não pôde ser em uma solidão grandiosa e onipotente, como gostaríamos de crê-lo, enquanto nos alienava nessa representação. A instituição pode continuar seguindo o modelo do fundador. É a melhor saída, com efeito: Anne-Marie Blanchard me disse um dia que é assim que nossa associação pôde continuar funcionando: "no lugar de Anzieu, sem sermos Anzieu". A fórmula está certa, mas é incompleta: não há ninguém que possa estar no lugar de Anzieu. Esse lugar heroico retomaria sobre si toda a ambivalência em face do fundador e ocultaria desta maneira o luto a trabalhar, reforçando o caráter inacessível da sucessão. Há somente uma memória a trabalhar. A instituição faz seu luto por si mesma, assim como seu romance das origens a fixou inventando uma outra instituição.

Reconhecer os efeitos do inconsciente nas sociedades de psicanalistas: uma dificuldade

Poderíamos prolongar a análise dessas duas associações, perguntando o que especifica as associações de psicanalistas nos processos que as põem em confronto com a transmissão da psicanálise. A questão – creio que já o mostrei – não é só de doutrina relativa à formação. Vê-se que a formação se toma no objeto e no método da psicanálise, nas transferências e na história psicanalítica dessas transferências. Sabe-se também que a formação não está isenta, muito pelo contrário, da fantasmática das cenas primitivas. Como as associações de psicanalistas podem tratar os efeitos do inconsciente que se produzem em sua organização, em seus laços e na transmissão da psicanálise? Não se vê *a priori* o que isentaria as associações de psicanalistas de ficarem submetidas a esses processos e a essas formações de grupo e de instituição. Mas é possível compreender que elas marginalizam o conhecimento e o tratamento deles, porque os grupos e as instituições são por natureza lugares onde se contraem todos os tipos de alianças. As inconscientes, e que produzem efeitos do inconsciente, são precisamente mantidas a todo custo para salvaguardar interesses privados, partilhados e comuns. Opõem-se, portanto, fortes resistências a seu conhecimento e a seu desligamento. Além disso, o que se transmite de forma eletiva são precisamente os restos não elaborados do grupo e das instituições que nos precederam e, entre esses "restos", as alianças inconscientes que selam o desconhecimento das transferências residuais ou das experiências traumáticas. Aqui ainda, a fundação de uma associação psicanalítica está não apenas situada em um contexto histórico atual, mas também se acha em continuidade de transmissão com objetos inconscientes e experiências recalcadas ou denegadas, sobrevindas do grupo dos primeiros psicanalistas. São essas fundações que voltam à superfície por ocasião da morte ou da saída de um fundador. As alianças inconscientes fazem parte do campo dos objetos da psicanálise, é possível conhecê-las e seu tratamento é acessível. Mas é mister dotar-se de dispositivos adequados, que não são os do tratamento individual, mas aqueles dos dispositivos psicanalíticos de trabalho em situação de grupo.

Notas sobre o trabalho do originário e a passagem de geração

Esses exemplos clínicos mostram, além de sua diferença, uma constante: a morte, o desaparecimento ou a partida de um fundador é inaceitável na medida de sua consistência traumática e do lugar que ele terá ocupado no imaginário do grupo ou da instituição. Quanto mais intensa for a ilusão de uma fundação absoluta e quanto mais se mantiver na realização idealizada dos projetos esperados, tanto mais a figura do fundador convoca uma imagem heroica, que seus adeptos sustentam e protegem.

O imaginário da fundação

Esse imaginário da instituição suscita esta pergunta: o que está em jogo na fundação? A fundação toma uma origem, a partir da qual começa uma história (*ab urbe condita*), traçando uma trincheira, um limite, um gesto de separação irreversível entre o dentro e o fora, entre o antes e o após. Nesse movimento, a fundação indica e, a seguir, impõe um ideal, ancoragem necessária para sustentar a realização de um projeto. Portanto, para instaurar na temporalidade um futuro.

Com o abalo da fundação, produz-se uma regressão na passagem do Uno instituinte à pluralidade instável, da ordem instituída ao caos originário polimorfo. O fundador ocupa esse lugar do instituinte que se tornou o fiador do instituído.[16] A essa altura, nesse momento e nesse lugar é que se convoca, na transferência, o psicanalista.

A morte, a partida ou o desaparecimento de uma pessoa colocada em posição de fundador se declina nos registros do imaginário, da colagem imaginária com o Uno da ilusão grupal, da recusa da passagem de geração. O trabalho da análise passa por esses três registros. No entanto, por mais importantes que sejam as regressões para as formações e os processos arcaicos que acompanham as angústias de destruição, ligadas à morte ou à partida de um fundador, não se deve subestimar a problemática edipiana que sustenta aquilo que G. Rosolato denominou a identificação com o pai morto segundo a Lei, para distingui-lo do Pai idealizado, formado pelo imaginário.[17] É a esse Pai idealizado que a criança "delega pela onipotência de seus pensamentos um poder sem limites, embora obscuro em suas razões, que protege e castiga" (Rosolato, 1969, p. 38). Forma-se assim, nessas identificações primárias, o ego ideal narcísico compartilhado. O pai morto segundo a Lei é, pelo contrário, um pai que "participa da universal Anankè". O pai não é o criador da Lei, mas seu representante. O pai suporta a falta em si, tendo ele mesmo a conhecido através de sua própria castração.

---

[16] Sobre a dialética instituinte/instituído e o imaginário institucional conferir Castoriadis (1975).
[17] Retomo aqui uma conversa minha com Catherine Desvignes.

Os investimentos narcísicos na figura do fundador.
Destinos do contrato e do pacto narcísicos

Quando excessivos, como o são muitas vezes nos grupos de psiquistas, os investimentos narcísicos na figura do fundador geram uma forma notável e dolorosa do sofrimento narcísico.[18] A noção de contrato narcísico (P. Castoriadis-Aulagnier, 1975) é aqui particularmente pertinente, na medida em que descreve o componente trófico e estruturante do investimento narcísico do sujeito pelo conjunto instituição-associação como a de uma reciprocidade de investimento narcísico do conjunto por cada um dos sujeitos. O contrato que liga o sujeito ao conjunto inscreve cada um na continuidade e assegura assim a continuidade do conjunto: cada sujeito do conjunto retoma e transmite os enunciados fundadores do conjunto.

Deve-se levar em conta uma variante desse contrato, que chamo de "pacto narcísico", uma variante que é uma forma patológica desse contrato. Nesse caso de figura, não é possível distância alguma entre a posição designada pelo conjunto e a posição do sujeito. Este não pode senão repetir incansavelmente as mesmas posições, os mesmos discursos, os mesmos ideais. São as derivas extremas das várias formas de abandono de pensamento, da alienação no ideal. Essa forma particular do narcisismo de morte se caracteriza – como sugeriu A. Green – pelo trabalho de desobjetalização. Essa secagem narcísica do investimento do objeto, esse refluxo do narcisismo para as representações imaginárias do ego, se produz quando a instituição e o sujeito não conseguem entretecer seus interesses narcísicos em um contrato identificatório, portador de um processo e subjetivação.

---

[18] O investimento narcísico da psique é também uma dimensão delicada da formação dos psiquistas, mas também de certas características de seu funcionamento grupal e institucional. Quanto a este ponto, cf. Kaës, 2004b.

*O fundador mortal, a prova narcísica
e a reinscrição na genealogia*

Nos exemplos que aduzi, a morte ou a desaparição de um fundador foi vivenciada como algo inaceitável, na medida em que deixa à mostra os apegos narcísicos de um grupo cujos membros foram associados a um empreendimento de fundação, em um contrato narcísico que atraiu investimentos de alto valor narcísico estruturante, e neles instalou poderosas formações ideais, base de suas identificações comuns. Nada de espantoso nisso: o apelo a um interveniente externo se dirige a um terceiro que seja capaz de compreender o sofrimento causado pelo caráter traumático da perda do fundador, daquilo que traz consigo investimentos e ideais de cada um, daquilo que leva embora com seu desaparecimento ou com sua partida.

O trauma sofrido é um trauma de consistência essencialmente narcísica, em seu duplo aspecto nutrício e mortífero. Esse trauma vem precisamente da remobilização do originário associado ao fundador. Em numerosos casos – e dei dois exemplos deles – o que se põe ou repõe em questão são os significantes enigmáticos associados às representações da origem, as criptas e os fantasmas, "os mortos no armário".

A reinscrição na genealogia passa pelo trabalho da identificação com um pai mortal. Isso supõe que o filho em cada um dos membros da instituição ou da associação seja capaz de pensar o pai morto segundo a Lei. Contra esse trabalho, o processo de ancestralização serve à colocação em posição defensiva, antiluto, de um Fundador absoluto. Trata-se de criar para si um ancestral imortal, e de cada um ser, em si mesmo, imortal.

Uma função capital da reinscrição na genealogia é restabelecer o contrato narcísico e as alianças estruturantes. O contrato que liga os membros de uma instituição ao objeto comum compartilhado é de ordem narcísica e antinarcísica (ele exige que se destaque uma parte de si para investir o objeto).[19] Quando se questiona, do exterior, o investimento da imagem dos fundadores, cuja tarefa é pelo contrário fornecer uma escora aos membros da equipe, o recolhimento narcísico no luto do fundador é consecutivo à experiência de um escoamento, de um esvaziamento.

Causalidade realitária e fantasma de transmissão

Depois de tentar esclarecer como o imaginário da instituição interpreta aquilo que está em jogo na fundação, creio ser útil sublinhar, mais uma vez, uma dificuldade na compreensão dos processos de transmissão da vida psíquica entre gerações. Nas situações catastróficas, como aquelas que acabo de evocar, e cuja componente traumática é relativamente importante, é bastante frequente constatar que as teorias relativas ao que foi – ou não foi – transmitido pelo fundador conferem um papel determinante, se não exclusivo, muitas vezes unívoco, a representações realitárias da causalidade. A substância do discurso é esta: nós não fazemos outra coisa senão repetir sem transformação o que nos acontece; é o resultado de uma transmissão direta, bruta, da origem, e nós o transmitimos tal e qual. Os partidários desse discurso, que não reconhece em elementos do passado senão um destino, estão geralmente pouco inclinados a trabalhar sobre aquilo que se repete e sobre as modalidades e as funções da repetição. A repetição só pode ser um destino, não uma maneira de tratar psiquicamente um trauma, um enigma, um nonsense. A categoria do fora de tempo está fora de cogitação.

---

[19] Um artigo de M. Segoviano (2001) sobre a grupalidade narcísica primária explica bem o que aqui está em jogo. Ela define a grupalidade narcísica primária como *o negativo do ego,* aquilo que o ego teve que perder-abandonar para "fazer grupo", "fazer um grupo". Sua posição, portanto, se aproxima da de Freud e da noção de antinarcisismo. Todavia, ela desenvolve esta proposição: o grupo é para o ego aquilo que o sujeito não cessará jamais de desejar. Ou seja, fazer coincidir os limites do ego com os do grupo, sem interstícios, sem fissuras, *ser um grupo*. A meu ver, o líder fundador encarna essa coincidência; ele a implementa.

Esse discurso serve essencialmente para prover de uma causa fatal uma história cujos efeitos cada um no conjunto, por razões que ignora e que deseja manter ignoradas, sofre passivamente, nisso apoiado pelos outros membros da instituição. Pode aparecer um outro caso de figura, cujo discurso se organiza tendo por base uma exigência superegoica de reproduzir, de modo idêntico, os enunciados e as posições da origem, sob pena de trair os ideais fundadores. Vou de bom grado qualificar de ideológicas essas posições, no sentido em que mantêm, contra o processo de transformação, as exigências da ideia onipotente, do ideal narcísico e do ídolo que se imagina proteger da dúvida e da imperfeição. Essas posições, que deixam de lado a importância da fantasmática e da criação mitopoética no processo de transmissão, fixam a origem em uma cena e em objetos imutáveis, persecutórios ou idealizados. Elas não se limitam a manter uma concepção realitária da causalidade nos fenômenos da transmissão; elas a despojam de toda representação possível de uma distância entre a origem e as posições imaginárias da fundação.

Sem dúvida, a repetição do mesmo através das gerações constitui uma das modalidades da transmissão: trata-se de uma transmissão sem transformação dos objetos psíquicos que não foram tratados pela função pré-simbolizante do fantasma. Ao introduzir a noção de fantasma de transmissão (Kaës, 1993), meu intuito não era esvaziar as transmissões brutas, repetitivas, não transformadas. Era principalmente enfatizar a construção de cenários inconscientes, nos quais são representados os objetos, os processos e os sujeitos da transmissão da vida e da morte psíquica. Frisava eu que, fazendo o trabalho psíquico de se dirigir para essa atividade fantasmática, nos colocávamos, ao mesmo tempo, em relação com a representação da origem da vida psíquica e, conjuntamente, com a da origem do sujeito na cena das origens. Noutras palavras, introduzir o papel do fantasma de transmissão e da função da repetição (na análise) permite esclarecer que a transmissão da realidade psíquica está ligada a uma realização de desejo e a uma defesa contra este. Essa descoberta implica uma perda: a ideia segundo a qual estamos ausentes como sujeitos daquilo de que somos herdeiros. Essa ideia serve para nos conservar sempre inocentes, mas ao preço de sermos sempre ingênuos e sempre culpados.[20]

A propósito da atividade e da posição mitopoética

O. Nicolle bem mostrou, no capítulo que escreveu nesta obra, que "a mítica do grupo é um elemento metodológico essencial da intervenção elaborativa e da análise das transferências do grupo e no grupo". Estou de acordo com ele, neste ponto, mas creio ser útil colocar em tensão essa atividade e essa "posição", com duas outras modalidades de representação. Em *L'Appareil psychique groupal* (1976) e, mais recentemente, em *Um singulier pluriel* (2007), lancei e sustentei a ideia segundo a qual os grupos e as instituições se organizam em torno de três principais posições mentais que correspondem a outras tantas visões de mundo (die Weltanschauungen): a posição ideológica, a posição utópica e a posição mitopoética. Essas posições não correspondem a uma ordem evolutiva, mas se formam e se estabilizam em certos momentos da organização mental do grupo ou da instituição. Todas essas posições são portadoras de representações sobre a causalidade e formam um sistema mais ou menos aberto de explicação do mundo, da origem, do fim e das finalidades do grupo.

---

[20] Devo dizer que eu estava perseguindo uma segunda meta: criticar as concepções mecanicistas, realitárias e perigosamente simplificadoras, da transmissão da vida psíquica, quando, na clínica dos grupos, das instituições e das famílias, elas servem de suporte a interpretações que não deixam lugar algum para a atividade psíquica. Não porque esta terá sido obstaculizada e por isso a repetição se terá imposto, mas porque, paradoxalmente, uma concepção positivista do determinismo predomina sobre uma concepção que, permanecendo psicanalítica, admite os efeitos da realidade psíquica sobre a história, e esta como uma construção.

A posição ideológica se acha sob o domínio da onipotência da ideia, da supremacia do ideal e da tirania do ídolo (do fetiche). Portadora de certezas absolutas, ela é regulada por um pacto narcísico rigoroso, que não tolera transformação alguma. Ela é imperativa, suspeitosa, não admite diferença alguma, nenhuma alteridade e pronuncia interditos de pensamento. Ela se fundamenta sobre o polo isomórfico da aparelhagem. Ela implica angústias de aniquilamento iminente e fantasmas de grandeza de tipo paranoico. É também uma medida defensiva contra os momentos caóticos. Mostrei que essa posição é particularmente mobilizada nos lutos traumáticos do fundador: trata-se, então, de obedecer à exigência superegoica de reproduzir de modo idêntico os enunciados da origem.

A posição mitopoética sustenta uma mentalidade que tem seu fundamento na atividade de representação da origem, dos fins últimos e dos cumprimentos do destino de um grupo, de uma instituição, de uma sociedade e, em termos mais gerais, do universo. Esse tipo de relato tem seu alicerce em uma posição a que se chega mediante uma crise, uma deterioração, uma perda do sentido ou uma incerteza a seu respeito. Diferenciando-se da posição ideológica, a posição mitopoética fabrica o sentido novo que inclui a representação da catástrofe. Ela é uma espécie de fábrica de sentido aberta a suas incertezas, a sua complexidade e a seu próprio processo de produção, isto é, sua genealogia. Por isso se mostra tolerante a versões sucessivas, eventualmente contraditórias, do mito inicial, se todavia conseguimos reconhecer-lhe um começo.

Quanto a terceira, a posição utópica, esta tem por pedestal uma experiência de crise e uma representação de catástrofe. Mas suas modalidades de elaboração diferem daquela da posição ideológica. Ela oscila entre "representação e loucura raciocinante", entre o espaço potencial e os ferrolhos da razão delirante. Ela imagina um não lugar da catástrofe, que é ao mesmo tempo o lugar de uma possível revolução. Pode igualmente transformar-se em posição ideológica quando o possível se torna imperativo e unívoco; torna-se então sistemática e procura encarnar-se na história, ou então em posição mitopoética, ao manter um espaço onírico, quando permanece pontual e sustenta um projeto de devir; noutros termos, quando reconhece aos pensadores um poder de pensamento. É nesse sentido que O. Nicolle diz com razão que "escutar como analista o mito de um coletivo é, antes de tudo, levar em conta a diacronia desse grupo e a dualidade mito/história que o acompanham. Isso compreende também regular a simbolização possível de um outro relato, este memorial, que no momento permanece latente e que teria feito *história*... e fará, talvez, história, fornecendo então os elementos significativos que permitam compreender o passado individual e do grupo como a sequência dos 'engendramentos' de fatos psíquicos que trazem a necessidade relativa das crises superadas, e/ou da crise atual".

Nota sobre o trabalho psíquico do luto do fundador e o trabalho do analista

O trabalho psíquico da instituição é fazer o luto da idealização e reduzir a perseguição, por serem respostas alienantes, patógenas, ao sofrimento provocado pela perda e pelo luto insuperáveis. Nosso trabalho consiste, volto a insistir, em reconhecer como esses objetos, essas angústias e esses processos voltam na transferência. Podemos observar duas maneiras de resistir e não fazer o luto: ou colocar o interveniente na posição do fundador idealizado, no lugar do Ancestral, que é também o lugar do morto. Ou, então, ele é colocado na posição do perseguidor. Fazem-no então saber: "Não será você que vai tomar o lugar do fundador; você só pode ser um perseguidor, como aquele que nos abandona, e jamais alguém o substituirá". É essa oscilação entre essas duas fases que possibilita um trabalho sobre o lugar ocupado pelo fundador no processo-ato de fundação, sob a condição que o psicanalista possa receber os efeitos na transferência, compreender seu sentido e estar suficientemente disponível a sua própria inscrição genealógica.

O luto em uma instituição atravessa e afeta os diferentes níveis da vida psíquica em instituição: luto pessoal, luto de um grupo em suas relações com o fundador, luto da instituição. Quando esses lutos múltiplos se efetuam em tempos diferentes, a instituição imaginária se oferece novamente a uma herança: acham-se então reunidas as condições para herdar do fundador.

Capítulo 4

Um Narcisismo... como herança

André Missenard

Uma "regulação psicanalítica" de longo curso se torna às vezes necessária quando uma instituição cuidadora encontra dificuldades ou bloqueios em seu funcionamento e quando sua tarefa primária – o cuidado – não pode realizar-se de maneira satisfatória. Apresenta-se aqui o relato do que vem a ser essa regulação, apoiada pela experiência psicanalítica dos grupos, do que vem a ser essa latente dinâmica inconsciente – aqui narcísica –, e a perspectiva de uma herança possivelmente transmitida.

Numa regulação desse tipo, dois psicanalistas propõem que se aplique um dispositivo apropriado, que a equipe institucional se reúna com eles para sessões que se desenrolam obedecendo a regras de funcionamento previamente enunciadas. Nessas sessões, os analistas intervêm, de seus lugares, sobre aquilo que deve-se exprimir acerca do funcionamento das partilhas entre os membros, não sobre o conteúdo.

Autoinvestimento e criação

A regulação aqui evocada fora decidida depois de um pedido feito por uma psicanalista, Rolande, a um analista com a experiência de grupos. Ela falava em seu nome e no da instituição onde estava há muito tempo e que conhecera com funcionamentos satisfatórios, agora desaparecidos. Já fazia bastante tempo que ali se discutia sobre o princípio de uma intervenção e sobre sua natureza: organizacional?

psicossociológica? psicanalítica? Finalmente havia sido tomada uma decisão e Rolande formulara seu pedido.

Ela ocupava na instituição um lugar reconhecido – era psicanalista, estava sofrendo com a situação e desejava uma intervenção psicanalítica. Pois o sofrimento era múltiplo, ao mesmo tempo relacional e identitário: relacional na imagem que a instituição tinha de si mesma, nos laços que os membros não mantinham mais entre si, na impossibilidade em que estavam de encontrar na instituição as referências identificatórias profissionais que sentiam não ter mais. Mas o sofrimento atingia também os pacientes, crianças, algumas vezes bebês, e suas mães.

O analista consultado para auscultar esses sintomas não demorou em dar o seu aval ao pedido de intervenção. Ele a assumiria em colaboração com um colega.

Começaram as sessões de regulação e, em seguida, se desenrolaram no ritmo previsto. No começo, confusas e conflituosas, à imagem do funcionamento institucional, foram aos poucos se centrando em torno dos casos clínicos que ali haviam sido relatados. Um ou diversos atendentes em dificuldade relatavam o que acontecia e falavam dos problemas e conflitos que estavam encontrando. Assim o caso se tornava o centro da sessão, e aos poucos se podia desenvolver um funcionamento grupal. A palavra fluía livremente e era tomada por aqueles que reagiam à escuta do caso, trazendo suas associações onde repercutia-se aquilo que o caso mobilizava neles. As situações clínicas nas quais mãe e filho estavam presentes em seus laços precoces eram particularmente a fonte das associações dos atendentes.

Esse material associativo esclarecia a situação clínica apresentada. Tinha como característica sua diversidade, provinda dos atendentes que estavam sem laço transferencial direto com o caso; achava-se contido no espaço psíquico da sessão e igualmente contido no grupo então reunido, presente e com os analistas. Na dinâmica da sessão, os casos clínicos relatados se acham em função de objeto terceiro. Em vista do relato que deles se faz, tornam-se objetos comuns e partilhados por todos os membros presentes. E estes são, em vista disso, então constituídos em uma unidade grupal, um envoltório psíquico.

Em sessão, em lugar de se nutrir ("o grupo é uma boca" – lembrava Anzieu) de seus incômodos, de seus conflitos institucionais e pessoais, o grupo se nutre de suas partilhas clínicas sobre o caso: podem estar presentes conflitos, mas se referem a um objeto diferente da pessoa dos membros envolvidos neles. Ao se nutrir assim, o grupo se constrói, se unifica e se investe em si mesmo, tendo em vista o trabalho psíquico aí realizado. O resultado distante do trabalho clínico foi uma modificação do clima institucional. Foi assinalado em sessão, mais tarde, que "agora a gente se fala na instituição".

Essa dinâmica das sessões fora preparada, implicitamente, pelo efeito dinâmico inicial produzido pela aplicação do dispositivo proposto pelos analistas e aceito pela instituição. Nesse dispositivo é que estavam previstas as sessões regulares de trabalho da instituição inteira com os analistas. O grupo, que se constituía como tal nas sessões onde se debatiam os casos, instalava-se em um espaço psíquico pré-investido, antes mesmo da primeira sessão.

Do lado dos analistas, a partir do momento em que haviam dado seu aval ao pedido de intervenção, seu investimento do grupo futuro transparecia no mesmo momento em que apresentavam o conteúdo do dispositivo aos membros da equipe. Uma transferência (ou contratransferência) dos analistas já estava presente e se fazia perceptível aos ouvidos atentos dos atendentes, então em situação incômoda e à espera dos efeitos positivos que viriam da intervenção.

Esse instante de apresentação do dispositivo fora um momento de articulação entre a instituição enferma e o grupo que ia nascer no dispositivo anunciado e na presença dos analistas. Esse grupo, composto pelos membros da instituição, teria um funcionamento diferente daquele da instituição da qual se tornaria, na experiência vindoura, um análogo e com o qual ela poderia beneficiar-se.

No espelho do grupo

Além das particularidades do trabalho psíquico de cada sessão, uma dinâmica inconsciente anima a equipe ao longo do tempo.

No curso de uma sessão, veio à baila um caso clínico muito difícil: tratava-se de uma mãe com seu filho, um bebê, ambos em estado grave psiquicamente, sem prognóstico mortal, porém. Era um caso complexo, de abordagem incerta, tendo em conta as reações de fuga da mãe diante das perspectivas terapêuticas ou de apoio. Relações infantis, precoces, enfraquecidas da mãe se repetiam em sua ligação com a criança. A família estava fragmentada.

Em sessão, travara-se um debate entre os membros reunidos da equipe, um debate vivo, muito acalorado mesmo, às vezes violento. Os conflitos entre os membros da equipe, embora múltiplos, tinham esboçado todavia o desejo que essa paciente fosse confiada a uma só atendente, uma das analistas da equipe. Havia aí o reflexo de uma dinâmica psíquica latente, na qual os conflitos da paciente seriam contidos por uma psique única? Havia também o esboço de um movimento de transferência negativa deslocada para uma psicanalista da equipe? Os analistas necessitaram de um certo espaço de tempo para perceberem que as partilhas em sessão eram uma réplica, em espelho, dos conflitos que constituíam o funcionamento psíquico da paciente. Um dos analistas chamou a atenção para isso. Estabeleceu-se o silêncio. Empreendeu-se, depois, um trabalho de elaboração do caso e dos problemas colocados à equipe.

Pode-se ver sem dúvida, nesse movimento, um esboço de transferência negativa deslocada visando os analistas. Pode-se também localizar aí a manifestação de um desejo, de que ao lado da diversidade das posições psíquicas dos atendentes em conflito se esboce uma relação com uma psique única que os congregue a todos e coloque uma barreira à fragmentação da psique da enferma.

Mas, de maneira mais firme, os conflitos intensos que agitavam os atendentes estavam ligados à estrutura da paciente e aos efeitos que esses pacientes podem ter em eco, em ressonância com o funcionamento das equipes. Aí se encontram as teorizações de A.H. Stanton e M.S. Schwartz, mencionadas por J.-P. Pinel,[21] assim como aquela de P.C. Racamier. Mais adiante se retomará a questão do imaginário. A intervenção do analista tem um efeito de reorganização imediata do funcionamento da sessão. Ela formula a natureza do "material" da sessão (os conflitos da paciente deslocados para o grupo) e "situa" esse material – dá-lhe um lugar – no interior do espaço do grupo. Enuncia o que vem a ser o conteúdo da sessão no continente que é o grupo, no envoltório psíquico que o unifica. Cessa então o fenômeno de reflexo, de réplica, observado até ali, do funcionamento psíquico da paciente, análogo àquele observado nas instituições de cuidado, evocado por J.-P. Pinel. Advém uma representação que leva a perceber conjuntamente ao mesmo tempo o grupo e a representação da psique da paciente, ou seja, as duas partes (o conteúdo e o continente) clivadas na sessão acham-se então reunidas.

A verbalização permitiu ao grupo ter acesso a uma representação de si mesmo em seu próprio funcionamento. E trabalhar em seguida sobre seu objeto, reunificado, o caso clínico da paciente e os problemas que ela apresenta à instituição.

A intervenção do analista procedeu de sua posição de retirada e de sua dupla escuta a do material – os conflitos que escuta – e a do grupo como tal, cuja representação latente ele abriga em sua psique. Deste modo, a elaboração pré-consciente e inconsciente que nele se faz dá origem a sua intervenção. E esse conjunto é também indissociável do aparelho psíquico individual e grupal do analista, no ponto evolutivo em que se acha a essa altura.

Nessa sessão importa fazer referência à dimensão do imaginário. Esta se acha presente no fenômeno de reflexo que o grupo deu do funcionamento psíquico da paciente, reflexo silencioso e sem outra

---

[21] Cf. *supra*.

consequência a não ser a repetição sem fim dos conflitos. Está sobretudo presente em uma referência a J. Lacan. Muito cedo, em seus primeiros trabalhos, havia ele sublinhado, no reino animal, o efeito da imagem. No estágio do espelho, mostra ele que a imagem que a criança ali encontra é investida por sua mãe e designada por ela (tanto pela mão como pela voz); dá então acesso a uma representação do Eu da criança, vivida por esta na "assunção jubilatória" de uma experiência fundadora de uma estrutura. Ela é então adquirida e, eventualmente, reproduzível. E quando surge essa imagem estruturante, são superados os fantasmas de corpo fragmentado que até então dominavam a psique do *infans*.

Na sessão do grupo, a intervenção do analista faz com que, de um lado o material (os conflitos), isto é, o conteúdo do grupo, e, do outro lado, sua imagem, a de seu lugar, se reúnam e sejam estruturantes. O grupo (sua representação) pode também funcionar como sendo "ele mesmo", reencontrar-se depois de se ter "perdido" na repetição sem fim dos reflexos da psique da paciente. Um dos efeitos da nova "assunção" do grupo (de sua representação) é uma reunificação em sessão do funcionamento fragmentado/estilhaçado da paciente.

Há também outro efeito: aquele exercido sobre o funcionamento individual dos membros, que é acarretado pelo estado de sofrimento da instituição, aquilo que um dia se designou como "imprecisão dos limites do ego", como o inquietante,[22] aí se encontra com as identificações projetivas entre os membros (e/ou os subgrupos), com os jogos transferenciais múltiplos entre os "grupos internos" (na concepção de R. Kaës) de cada um dos membros, com as transferências narcísicas para os funcionamentos psíquicos precoces de cada um (que J. Ludin designa como "o imaginário").

---

[22] Mantém-se esta nova tradução de J. Laplanche de preferência àquela dos *Essais de psychanalyse*.

Um último efeito é o que se reflete sobre os laços atacados, a reatualização de uma representação de um funcionamento psíquico comum, grupal, também tem efeitos de reagrupamento psíquico.

Há, nessa sessão, ao mesmo tempo um jogo de espelho e de imagens, um jogo de envoltórios narcísicos e um jogo de transferências narcísicas. Todavia, além da dinâmica particular dessa sessão, subsistem, latentes, os efeitos contínuos do que foi a transferência originária, aquela que nasceu do encontro inaugural, de onde proveio a decisão de fazer a regulação de sua realização.

Esse encontro tinha sido o da evocação do sofrimento, o da instituição, o dos membros e o dos pacientes, particularmente o das crianças e dos bebês. Do investimento narcísico em espelho que foi então atuado, resultaram a decisão da regulação e sua realização. Essa transferência fundadora permaneceu presente na vida institucional.

Morte/nascimento e origem

Uma outra sessão revela um funcionamento narcísico diferente. Contrariamente às sessões habituais, a que compareçam quase todos os membros da instituição, aquelas que precedem imediatamente o período das férias são pouco frequentadas. A sessão aqui relatada reunia dez dos atendentes e um só dos dois analistas do casal, o homem.

Essa sessão rapidamente se centrou no caso, antigamente bem conhecido no serviço, de uma criança acometida por uma doença incurável. Sua mãe, muito abalada, ficara muito apegada ao filho, que fora durante muito tempo acompanhado por vários atendentes. O relato do caso, feito na sessão, evocava o investimento cujo objeto fora a dupla mãe/filho (a criança morrera algum tempo depois de ter deixado o serviço).

Na sessão aqui evocada fora intensa a participação dos membros, como se o efeito do passado ressurgisse no presente. Foi uma sessão com enorme carga emocional. A evocação dessa situação havia ocupado quase a sessão inteira, aqueles que a tinham vivido tornavam a encontrar o que tinham sentido então, aqueles que não conheciam o caso escutavam, participavam em um silêncio atencioso. Teciam-se, entre todos, laços estreitos, nascidos das emoções rememoradas.

Constituía-se então um grupo bastante unido, no qual cada um se identificava com os outros e se encontrava em uma representação do grupo reunido na sessão: um corpo comum único se constituía e se investia a si mesmo. Percebia-se o analista como participante, apoiando e mantendo esse funcionamento.

A tonalidade psíquica, que acompanhava a evocação de um passado doloroso, conservava um caráter muito atual a que vinha somar-se uma nota de prazer comum. A mobilização psíquica de todos os participantes criava um sentimento de comunhão, e uma coesão de todos no grupo era a origem potencial de um prazer discreto, mas presente. Surgem algumas questões, relativas ao funcionamento dessa sessão.

Do que procede, então, a volta a um passado, sem dúvida dramático e doloroso para a equipe, mas agora distante, que não fora jamais mencionado até então, e do qual se pode pensar que esteja há muito superado?

Essa sessão tem um caráter excepcional sob diversos pontos de vista. Ela é, em primeiro lugar, a única dentre todas as outras na qual a questão da morte, como tal, como realidade confrontada e vivida pela equipe atendente, ocupou o primeiro plano. Também o é pelo fato de estar presente um só dos psicanalistas, o homem. Sendo assim, surge a questão da transferência, porque o analista homem é aquele que há tempos recebera o pedido de intervenção que lhe fora apresentado. E aparecia no pedido a expressão do sofrimento, há muito tempo presente, em particular o sofrimento da instituição. Esta era descrita como perdida em seu próprio funcionamento: não mais havia representação de uma associação globalmente atuante em sua unidade psíquica, necessária para a realização de sua tarefa primária, o cuidado. Havia também o sofrimento dos membros, desunidos, desidentificados, cada um sentindo-se isolado e procurando pontos de referência identificatórios profissionais, agora incertos para eles.

Desde então, a presença do analista sozinho, como o fora no tempo primeiro do pedido de intervenção e da "fragmentação" psíquica da instituição, não reatualizou na transferência aquilo que então constituía problema... na esperança, na expectativa de que sobreviria uma reunificação da instituição, como fora o caso, um dia, com a regulação? Sendo assim, não seria a experiência da sessão a de uma coesão, de uma "comunhão", de um sentimento de reagrupamento de todos... como o fora progressivamente o caso a partir da realização da regulação? E o número reduzido de membros presentes tornava mais facilmente acessível a reconstituição de um grupo.

O analista podia se perceber ao mesmo tempo em sua posição de analista e simultaneamente como um membro, junto com os outros, da unidade grupal resgatada. A evocação da morte, nessa sessão, podia ter uma função muito atual de representação daquilo que, na origem, poderia ter estado presente, de modo latente, quando a instituição estava perdida para si mesma, desorganizada, ineficaz e impossibilitada de cuidar de si, isto é, de permanecer no movimento do desejo que tinha por efeito animá-la, fazê-la viver. A presença, nessa sessão única, do analista sozinho remete possivelmente também a um outro aspecto do passado, da origem da regulação.

No encontro que se constatou fundador da regulação e do grupo, que nasceu no dispositivo dos analistas, evocou-se também o sofrimento das crianças, dos bebês e de suas mães e as incertezas que pesam sobre o futuro das duplas mãe/filho, ainda na indistinção psíquica precoce. Disso também o pedido de ajuda era portador, e é a isso também que o analista consultado pudera reagir, eventualmente, identificando-se com a psicanalista que exprimia o que tinha a dizer em seu nome e no da instituição, e no que ela sentia. Pode-se conceber um funcionamento psíquico no encontro que foi inaugural, em que, a partir de um sofrimento complexo evocado/colocado, cada um dos protagonistas teve ensejo de funcionar em espelho, mas também em identificação narcísica.

O primeiro funcionamento narcísico nessa regulação psicanalítica se situa, portanto, no encontro inaugural. A psicanalista da instituição havia fundamentado sua busca de intervenção psicanalítica testemunhando sofrimentos institucionais, individuais, seu próprio sofrimento e o dos pacientes (mães e filhos). Manifestava o desejo de que terminasse um longo período difícil graças à intervenção que viria. O pedido não demorou a ser aceito. Como se percebeu depois, esse intercâmbio fora vivido pela instituição como um ato fundador da regulação (e, do grupo que, em seguida, funcionava ali) nas sessões e permanecia inconscientemente idealizado, na psique dos membros do grupo.

Podiam ser assim suportados os sofrimentos que estavam na origem da crise: o da instituição (fragmentada), o dos atendentes ("desidentificados"), o dos pacientes (as crianças e suas mães em seus laços precoces de "indistinção psíquica"). Outro funcionamento narcísico latente se revelou, atualizou-se na sessão de grupo em que o analista era o único presente e a situação de origem da regulação se reatualizava.

Com a evocação de uma criança morta, que pertence ao passado, é a problemática atual da morte que se atualiza; isto é, a problemática da pulsão de morte, da "não vida" da instituição "fragmentada", dos sofrimentos dos atendentes reduzidos à impotência terapêutica, o sofrimento das crianças potencialmente condenadas. E impõe-se, em sessão, um funcionamento grupal unificado, compacto, na uniformidade de uma vivência na qual passa a imperar a indistinção emocional entre os membros, incluindo o analista. Diante da pregnância da pulsão de morte, passa a existir no fantasma somente um corpo, um bloco narcísico sem falha.[23]

Na mesma sessão é dado ao analista vivenciar que ele mesmo, com efeito, é também, em sua posição, distinta, diferente do conjunto reunido em uma unidade. E esse modo de funcionamento é também, noutros instantes, o de outros membros do grupo no qual "cada-um"

---

[23] A dimensão narcísica do trabalho psíquico do analista se encontra também em meu texto "Narcissisme et rupture".

pode sentir-se ao mesmo tempo perdido e reencontrado em um funcionamento psíquico conhecido e afirmado em uma distinção que o faz perceber-se original ele "mesmo" ao lado de/com os outros em um "singular plural" (R. Kaës). Esses funcionamentos são também funcionamentos transferenciais narcísicos, penetrados na libido que impregna os funcionamentos psíquicos precoces grupais/familiares da psique.

A fantasia de uma figura grupal pode ilustrar aquilo que se passa com o funcionamento plural e individual: após um nascimento, uma família se reuniria em círculo e o recém-nascido iria passando de braço em braço, de um ao outro. Pode-se sugerir que aquilo que cada um mobilizasse em si mesmo nessa entrega poderia deixar sua marca no funcionamento nascente do *infans*, e que os traços dessa marca seriam então herdados latentes.

Essas observações sobre o narcisismo em situação de grupo no curso de uma regulação psicanalítica são, neste trabalho, resgatadas e sublinhadas. Por sua vez, conservam seu espaço os casos clínicos, as problemáticas de transferência, os efeitos do trabalho do grupo sobre a instituição em si mesma, a presença dos conflitos na unidade grupal das posições.

Olhares sobre uma regulação psicanalítica de uma instituição cuidadora

Já se disse (como se diz "era uma vez": num tempo impreciso e distante) que face à eventualidade, real ou fantasmada, de ter de assumir/enfrentar futuramente em uma instituição um conjunto de crianças condenadas e já muito doentes, um futuro responsável poderia agir de tal sorte que fossem então estabelecidas duas instituições, articuladas uma à outra: uma ficaria encarregada de pesquisas e inovações, ao passo que à outra caberia receber os doentes desenganados.

Assim, nessa origem legendária, teriam estado presentes em uma delas a morte e a angústia de morte; e, na outra, os cuidados e a vida.

Talvez essa instituição, no trabalho aqui apresentado, tivesse sido marcada por uma angústia de morte que, no fantasma transmitido, haveria atingido todos os pacientes. Teria sido ela então originária e transmitida? Teria ela, inconscientemente, estado presente a seguir no funcionamento – em espelho – dos dois promotores da regulação?

Capítulo 5

Um grupo pode esconder outro

Luc Michel

Uma lembrança de infância

Quando criança, eu estive por diversas vezes com minha família na França. Trata-se, aliás, provavelmente do primeiro país estrangeiro que visitei. Vejo-me, outra vez, sentado no banco de trás do automóvel. Assim que cruzamos o posto de fronteira, eu ficava espiando os sinais exteriores que me mostravam que eu não estava mais em casa, e sim em outro mundo onde as convenções não eram de modo algum as mesmas. Aquilo que eu acreditava universal se mostrava mudado. Assim a faixa branca que separava em duas partes iguais as estradas de meu país, indicando que era proibido ultrapassar, de repente ficava amarela. O mesmo acontecia com a cor dos faróis dos carros com os quais íamos cruzando. Eu achava isso engraçado. Todavia, um sinal de trânsito me parecia ainda mais estranho, pois não conseguia entender o que significava. Estava muitas vezes à beira de uma passagem de nível: "Atenção, perigo! Um trem pode esconder outro". Eu não compreendia muito bem onde estava o perigo: como é que um trem podia se esconder em outro trem?

Do grupo à instituição e reciprocamente

O analista de grupo intervém em uma instituição em circunstâncias e contextos diversos. Algumas vezes, somos procurados por uma instituição em crise, a fim de a ajudarmos a superar essa crise. Às vezes, deseja-se estabelecer uma supervisão dos grupos terapêuticos que aí se desenrolam. Em outras ocasiões, animamos um grupo terapêutico no seio de um estabelecimento de cuidados. Ainda que a instituição se ache em cada caso presente, ela ocupa, nessas diversas circunstâncias, um lugar diferente. Ela pode ser o objeto da procura formulada de intervenção ou, ao contrário, aparecer só em filigrana. Varia, assim, nossa porta de entrada. Por analogia com minha lembrança de infância, faríamos bem se nos lembrássemos, ao cruzarmos o limiar de uma instituição, da placa de sinalização à beira de vias férreas. Com efeito, seja qual for o tipo de grupo no qual intervimos em uma instituição, este nunca se acha isolado. Está em contato com todo um conjunto de grupos que o contém ou aos quais pertence. Noutras palavras, "um grupo pode esconder outro".

Numerosos autores sublinharam a importância de decodificar, pormenorizadamente, a procura institucional de ajuda antes de propor que se estabeleça um dispositivo de intervenção. Pensemos, por exemplo, nos desenvolvimentos em torno da análise institucional (Oury, 1973; Rouchy e Soula-Desroche, 2004). Jean-Pierre Pinel, noutro lugar nesta obra, analisa-a de maneira sistemática. Nesse caso, a instituição ocupa o centro da atenção. Isto não é necessariamente o caso se o analista é chamado originariamente para intervir, não no nível institucional, mas no contexto, por exemplo, de supervisão de um grupo terapêutico que aí se desenrola. Ora, se a instituição é muitas vezes um continente silencioso, forçosamente influencia aquilo que se desenrola nos grupos que contém, até, em situações de crise, transferir para eles suas dificuldades. Quando for esse o caso, deve o analista remontar os níveis para tentar ligar novamente a problemática a seu contexto de origem.

Evocarei inicialmente, de modo um pouco mais detalhado, certos aspectos desse emaranhado dos diversos continentes grupais e de suas implicações. Vou procurar, em seguida, servindo-me de um exemplo, mostrar como isso pode ter reflexos sobre a evolução de uma procura de ajuda e sua evolução no tempo. Isso me permitirá algumas observações conclusivas sobre a evolução da procura de ajuda no curso do tempo.

Encaixe dos espaços

Insistindo sobre o emaranhado constante dos diversos grupos de naturezas diferentes, estou, é claro, me referindo a um dado importante que tem a ver com a noção de espaço. A sobreposição de grupos variados delimita espaços distintos. Quando um grupo é definido no interior de outro grupo que o contém, como o pode ser um grupo terapêutico no seio de uma instituição, podemos representá-lo em termos de criação como um novo subespaço no espaço institucional. Define-se assim uma série de grupos mais ou menos encaixados, uns nos outros, em um sistema hierarquicamente ordenado. Um grupo terapêutico que se desenrola em uma instituição deve ser considerado um subsistema desta última.

A instituição, como a sabemos, não é uma mera organização, mas remete a uma história, a uma herança, a uma ideologia, a pactos e regras que lhe são próprias. Isso influencia o trabalho de pensamento ou não pensamento que aí se desenrola. Se instituirmos uma nova atividade grupal em seu seio, isso acabará criando um subespaço que vai conter ao mesmo tempo os componentes do espaço institucional que o engloba, mas também acréscimos que serão, por exemplo, a formulação de critérios ou regras particulares, assinalando a pertença ou não a esse subgrupo.

Podemos exprimi-lo noutros termos: todo grupo, como qualquer fato, seja ele qual for, inscreve-se em um contexto. Contexto, segundo o dicionário, é: "o conjunto do texto que cerca uma palavra, uma frase, uma passagem e que seleciona o seu sentido, o seu valor". É também "o conjunto das circunstâncias nas quais se insere um fato". Assim todo grupo, seja ele terapêutico, de supervisão ou de formação, inscreve-se em um contexto maior, que vai influenciar aquilo que nele se desenrola. Mas sabemos que o contexto informa a significação social de um grupo (Hopper, 1992). Como o lembra Hopper, um grupo conduzido no contexto de um hospital psiquiátrico, para citar um caso extremo, está contextualizado de modo bem diferente de um grupo em prática privada. Visto "de fora", podemos assim ver o grupo como o centro de uma cebola cujas diversas camadas são os outros tantos envoltórios grupais diversos que, ao mesmo tempo, o atravessam e o cercam. Visto "do centro" do grupo que estamos animando ou supervisionando, aquilo que vai contê-lo é sobretudo visto como um Terceiro, cuja presença é mais ou menos invasora conforme as circunstâncias. Esse encaixe entre um grupo e uma instituição é particularmente observável quando – por exemplo – supervisionamos um grupo que se desenrola em uma instituição de pacientes psicóticos hospitalizados. O contexto institucional pode impregnar o dispositivo de um grupo aí estabelecido. Pode-se explicá-lo por um efeito de *mirroring* e de "ressonância" (Foulkes, 1965) particularmente intenso. O funcionamento institucional reflete então o funcionamento do tipo de patologia com a qual a instituição se ocupa. As confusões dos limites dos espaços intrapsíquicos, próprias da psicose, se refletem numa confusão dos limites entre os espaços institucionais. A reverberação da problemática é, portanto, bidirecional em uma estrutura residencial: da instituição para seu subconjunto, o grupo terapêutico que nela se desenrola, e dos pacientes que o constituem para o grupo e mesmo para a instituição que os contém.

Esse encaixe dos campos sucessivos não se limita à instituição, mas conduz ao que a cerca e ao campo social em que se inscreve. Habitualmente dispensamos a análise desse vasto contexto social transubjetivo que subsiste como um fundo silencioso salvo em caso de perturbações sociais. Diversos autores, que nos relatam intervenções de obediência psicanalítica, tanto individual como grupal, em regiões de regimes políticos conturbados, nos mostram bem de que modo, em situações de um contexto social totalitário, os espaços de pensamentos grupais ou individuais são influenciados e comprimidos (Puget et alii, 1989).

Da definição de um espaço grupal aos lugares de projeção grupal

Voltemos ao tempo inaugural da constituição de um grupo. Quando definimos um quadro de psicoterapia analítica de grupo, introduzimos um dispositivo com certas regras que permitirão um acesso mais fácil a processos que tiram seu recurso do inconsciente. Uma das metas que tentamos assim alcançar é possibilitar uma verbalização e, deste modo, uma secundarização de certos processos pré-conscientes. O papel do analista é favorecer as partilhas, pôr em evidência os desafios fantasmáticos. Todo Terceiro, enquanto elemento constitutivo ou não do quadro, é forçosamente um lugar de projeções. A multiplicação desses terceiros mais ou menos identificados vai complicar a tarefa do analista. Pelo menos é assim que penso. Podemos pensar que a multiplicação das possibilidades de depositar movimentos projetivos – que são muitas vezes não ditos – vai complexificar e difratar os movimentos transferenciais. Alguns, em casos extremos, serão inacessíveis, diluindo-se em espaços "intersticiais" que, em si, não fazem parte do dispositivo grupal. É o que Roussillon denominaria a "multiplicação dos desembaraços" que se vão dispersar fora da sessão ou nos arredores, como a instituição (Roussillon, 1988). São lugares onde teremos material inacessível, não mentalizado, que vai se depositar. Cabe então ao terapeuta desmascarar esse material, sair de uma situação onde ele é, por outro lado, inevitavelmente tomado como parte integrante do dispositivo.

Evocamos noutro lugar aquilo que denominamos "variações sobre o Terceiro", descrevendo brevemente a influência que três tipos de Terceiro poderiam ter: a instituição, a presença de uma câmera de vídeo durante as sessões e a de um observador (Michel, 1998). A cada um desses terceiros correspondia uma tendência a tornar-se o depositário de uma certa especificidade do material projetivo. Limito-me evocar, aqui, a influência do terceiro, representada pela instituição em que se desenrola o grupo terapêutico.

A terceira instituição

Um grupo terapêutico que se inscreve em uma instituição tem origem na dinâmica ou na história desta. Num momento ou noutro, surge o desejo ou a necessidade de criar um espaço terapêutico desse tipo. Este pode ser o resultado de um projeto aparentemente conduzido por um indivíduo singular ou pela instituição em seu conjunto. A criação desse novo espaço que se delimita define um lugar progressivamente investido, quer positiva quer negativamente, pela instituição e por seus membros. Os que o animam são, de ora em diante, seus analistas ou terapeutas. Estes devem estabelecer um quadro, um envoltório que permita ao grupo desenvolver um sentido de si mesmo, uma "cultura" que lhe seja própria. Este é particularmente o caso, já que eles mesmos são parte integrante da instituição. Eles devem atuar para a emergência de um espaço distinto, num impulso de diferenciação mais ou menos bem suportado. Esse grupo, para existir, deve poder efetivamente definir para si um dentro e um fora (um interior e um exterior). Isso é necessário para se delimitar um lugar suficientemente seguro para se estabelecerem de novo identificações. Deve-se fazer um trabalho para que o grupo possa sentir-se como um envoltório que marque uma fronteira semipermeável com o diferente funcionamento de seu continente.

Assim, um grupo de palavra ou um psicodrama de uma instituição se vê tomado entre o impulso projetivo dos indivíduos que o constituem e um outro impulso projetivo que vem da instituição.

Ora, como já vimos, o grupo é sempre, mais ou menos, explicitamente originário de um projeto institucional. A instituição tem, portanto, expectativas conscientes e inconscientes. O grupo, para a instituição, pode vir a ser um terceiro sobre o qual são depositados projeções, desejos. Pode o grupo funcionar num caso extremo como o equivalente do bom ou do mau objeto. Para o grupo ocorre o inverso, pois a instituição pode tornar-se o mau objeto continente. O terapeuta pode estar em ressonância com o grupo e, de modo parcial, em perfeita combinação com seus membros, identificando o objeto perseguidor com o exterior. Pode assim, de forma legítima, reservar para si um papel de bom objeto, mas ao preço de um isolamento de seu grupo com relação à instituição. Ora, o analista é de certa maneira um intermediário que regula o que entra e o que sai na fronteira do grupo. Em uma instituição, ele deve ser o guardião dessa membrana semipermeável desenhada entre o grupo e seu continente institucional. Deixar passar certas coisas, mas defender uma certa fronteira que permita manter um espaço específico. Se é membro da instituição, não deve esquecer sua identificação de cuidador da instituição. Deve ser capaz de gerir essa interface de maneira mais evoluída que a da clivagem. Somente sob essa condição, pode ele esperar um funcionamento diferente daquele dos aparelhos psíquicos dos pacientes da instituição. Pode-se dizer que ele oferece a potencialidade de tal funcionamento menos clivado.

Colocamos a seguinte hipótese: só é possível atingir o funcionamento maximal ao preço de um trabalho do analista em seu papel de guardião da membrana semipermeável do grupo com a instituição. Na falta desse trabalho, vai aumentar a tendência a não mentalização. Abre-se caminho para que não ditos ou pactos denegativos institucionais passem ao grupo, e este então os sepulta. O grupo, em caso extremo, pode até ser ameaçado em sua existência (Kaës, 1988). Há então o risco de transformar o grupo em antigrupo, para retomar o termo de Nitzun (Nitzun, 1996). Recordemos que esse autor define o antigrupo como um grupo no qual predominam os processos destrutivos que lhe ameaçam o funcionamento. Os processos de desligamento vão nesse caso suplantar os processos e as forças de ligação.

Estar atento a esses aspectos é importante no início da constituição de um grupo terapêutico no qual se trata, em primeiro tempo, de delimitar suas fronteiras (Michel, 1995). Um conjunto de pacientes, ao se reunir pela primeira vez, não tem com efeito cultura própria. Deve constituir sua própria matriz (Foulkes, Anthony, 1957). O contexto ambiental é particularmente central para sua identidade. Pode-se observá-lo nos grupos dos participantes por ocasião de uma primeira sessão manifestando suas resistências. Esses comentários abrangem também muitas vezes o quadro ambiente e o laço que os participantes têm com o local.

É a primeira sessão de um grupo *slow open* em uma instituição ambulatorial. A sessão mal começou, e Albert diz que sua presença aqui lhe traz muitas lembranças ruins. Ele já tinha sido acompanhado, antes, por dois anos nesses mesmos lugares. Francamente, o espaço é muito pouco acolhedor, acrescenta ele. Outro participante corrobora e descreve a sala como muito fria, mal arejada. Essas defesas e esses ataques contra o quadro são com toda a certeza clássicos, mas eu, que conduzo esse grupo, encontro-me, como por acaso, lembrando o meu conflito com a instituição e os vícios de construção contra os quais em vão lutei. Há, no espaço de um instante, um desejo interior de fazer corpo com essas observações, entrar em uma aliança e expulsar a dúvida para o exterior, despojando-se de todo o poder. Corro então o risco de entrar em ressonância, expulso nesse caso o mau objeto sobre a instituição, favorecendo com certeza a coesão do grupo, num primeiro tempo, mas num modo de clivagem perigoso.

Esse exemplo mostra que é vital para o terapeuta interrogar-se constantemente sobre sua relação com o quadro que instituiu e com os afetos que sente em relação à instituição onde se desenrola seu grupo. Alguns dirão que é a banal questão do trabalho do analista face a sua contra-atitude ou contratransferência. É certamente o caso, mas segundo nossa própria prática, que nos leva a dirigir grupos em meios diferentes, como a instituição e a prática privada, prestamos particular atenção a esse tipo de risco, e está longe de ser evidente. Precisamos de algum tempo, por exemplo, para perceber que a instituição nos influenciava na escolha de nossas indicações. Na base havia certamente critérios racionais: não colocamos, por exemplo, um colega médico em um grupo que se desenrola na instituição. Ele corre o risco de encontrar pessoas conhecidas, etc. Mas, por trás dessas boas intenções, havia, cremos nós, nossa própria percepção do lugar, do espaço proposto, da maneira como o investíamos. Nós nos conscientizamos de que estávamos criando grupos de "primeira classe", privadamente, e de "segunda classe", na instituição. O risco nesse caso está dos dois lados: expectativa de que o grupo privado, longe do terceiro institucional, nos gratifique melhor que o da instituição: deve ser um bom grupo. Há também o risco de colocar o terceiro institucional como o responsável por uma desvalorização. Mas que dizer da cultura de um grupo que parte em tais condições? Sabemos que o grupo no começo só existe sobretudo como projeto do terapeuta, de seu desejo. A *holding* de partida e o olhar benévolo da mãe são hipotecados por essa atitude inconsciente do terapeuta. Isso vai se manifestar então pela emergência de sentimentos de insuficiência no grupo. Como o observa A. Missenard, de modo um pouco caricatural: "Um grupo se unifica pelo reflexo, ele que dá a seu monitor do inconsciente este último ou a problemática do momento" (Missenard, 1992). Acrescentaremos que também convém partir o espelho entre a instituição e o grupo. Faltando isso, o grupo corre o risco de refletir a problemática do terceiro institucional.

Da corrente laminar à turbulenta

Vemos, portanto, como os diferentes espaços podem interferir. Numa época normal, trata-se de estar sempre atento a isso, os níveis permanecem separados. Há uma certa hierarquização. Assim a instituição não ocupa o centro de nossa atenção quando supervisionamos um grupo terapêutico nesta. No entanto, dadas certas circunstâncias, a dinâmica institucional, marcada por perturbações, vai assomar à boca do palco. O grupo terapêutico que aí se desenrola pode, em caso extremo, vir a ser um sintoma da problemática institucional. A hierarquia dos espaços se encaixa na imagem da dinâmica dos fluxos, nos quais um escoamento laminar pode, no decurso do tempo, diante de obstáculos, transformar-se em turbulências. Estas então se manifestam ruidosamente e podem paralisar o grupo. A problemática do grupo, contido ao extremo, só reflete a do continente. Cabe então ao analista, em um primeiro tempo, detectar esses movimentos inconscientes em cascata. Em um segundo tempo, deve tentar recolocar o conflito ativo em seu nível originário. É tarefa que às vezes exige muito fôlego, na qual o analista se vê a princípio às voltas com os processos de confusão dos níveis, invadido pela problemática institucional. Pouco a pouco deve conseguir desembaraçar-se desta, a fim de poder restaurar a hierarquia dos níveis. Sem cair na onipotência, não deve transformar-se em analista da instituição, se não recebeu esse mandato. Deve desempenhar o papel de facilitador para a elaboração da equipe que está supervisionando. Cabe a esta última tirar as consequências disso. O exemplo a seguir deveria permitir-nos explicitar mais pormenorizadamente esse trabalhado marcado por dificuldades e desvios.

Exemplo: diário de viagem de um supervisor

O começo

Fui chamado, faz alguns anos, para intervir em um cantão próximo como supervisor, no quadro de uma instituição para jovens adultos. Nessa época, a instituição, ligada a um grande conjunto, funcionava de modo autônomo. Atuando como um lar, ao mesmo tempo ela se organizava em torno de uma estrutura comunitária. A fundadora exercia um papel muito ativo. Havia estabelecido desde a origem um certo número de atividades terapêuticas. Um grupo denominado dramático se desenrolava duas vezes por semana. Do grupo participavam todos os pensionistas. Era um lugar investido por todos os atendentes. Ao lado da fundadora se acha também um grupo de cinco coanimadores, que eram escolhidos dentre os membros da equipe. Esse grupo era muito investido e designado como uma das atividades terapêuticas centrais. Todos desejavam participar dele. A equipe invocava um certo pensamento eclético com fundamentação psicanalítica. O que era originariamente concebido como abertura podia assim manifestar-se como algo pouco nítido na teorização da leitura das situações e no modo de intervenção.

A minha sensação era a de que o grupo dramático, além de sua vocação terapêutica, era também um cobiçado lugar de formação.

Os atendentes mais moços de todas as profissões desejavam participar dele para compartilharem a experiência da fundadora. Eu havia sido solicitado para intervir como supervisor dessa atividade em uma época na qual, aparentemente, a equipe não evocava um sofrimento manifesto particular. A equipe, através de sua fundadora, entrara em contato comigo e me perguntara se eu estaria interessado em supervisionar essa atividade, o que faria de bom grado, indo regularmente a essa instituição. A equipe estava interessada em introduzir um olhar exterior, capaz de esclarecer um pouco mais aquilo que se passava no quadro do grupo. A equipe se perguntava se um analista poderia ir um pouco mais longe na leitura das sessões, para enriquecer sua abordagem. Eu tinha também a sensação de que se procurava criar um espaço para ajudá-los a verbalizar o processo que se desenrolava nas sessões desse grupo. Assumi, pois, essa tarefa com algum prazer, indo regularmente a essa instituição durante um ano inteiro. Ali eu descobria um funcionamento em que a diretora, investida como um pai fundador, assumia a meus olhos a figura de suporte do quadro. Ela veiculava toda uma ideologia fundada sobre os escritos comunitários dos anos sessenta. O dispositivo estabelecido para o grupo dramático permitia muito mais criatividade, mas permanecia pouco estruturado e mal definido. Os espaços institucional e grupal eram permeáveis um ao outro. Essa porosidade se manifestava nas supervisões que ocorriam na sala principal da casa. Nós ali éramos constantemente interrompidos por outras atividades ou pela repentina intervenção de jovens reclamando a atenção deste ou daquele atendente. Eu tinha então logo proposto à equipe, que se ocupava com o grupo terapêutico, que viesse a meu gabinete para dar prosseguimento à supervisão. Essa medida era certamente um agir, pois era pouco elaborada de minha parte, pressionado para delimitar melhor um dentro e um fora. Eu tinha, em todos os casos, necessidade disso, a fim de criar para mim um espaço de mentalização. Todavia, eu a formulava mais como uma atuação, depois de ter evocado a questão da necessidade de distinguir os diferentes espaços, tanto geográficos como psíquicos. A equipe havia aderido a essa proposta. Posso, depois que tudo passou, perguntar-me se esse gesto não era para mim uma necessidade de assumir um poder. Estava eu ao mesmo tempo em uma instituição, onde fui chamado a supervisionar um grupo cuja diretora era também sua líder carismática. Deslocar a equipe e assim deslocar a fundadora para meu território me confirmava uma posição menos subordinada. Mas essa questão foi pouco verbalizada, tanto pela equipe como por mim, totalmente ocupado em discutir o material de sessões acaloradas. Será que o meu movimento exprimia uma necessidade institucional de clarificação construtiva ou, antes, uma luta pelo poder no nível da instituição em que já me achava envolvido? Não posso decidir.

Mudança da direção

Trata-se de uma questão sem resposta, mas que fui levado a me colocar novamente: com efeito, alguns meses depois a diretora decide retirar-se do grupo terapêutico, muito ocupada com suas outras atividades, tanto terapêuticas como administrativas. A procura de supervisão se esclarecia, também assim, certamente fora de tempo, como o estabelecimento de uma medida de enquadramento necessária para essa transição. Essa passagem de testemunha se efetuou também pela indicação de um casal de terapeutas, escolhidos entre os atendentes para se tornarem os líderes designados. Nenhum dos atendentes, com efeito, se sentia à altura para assumir sozinho a função. Meu papel de supervisor consistia mais ainda em ser o fiador de uma teoria, pois a grade de leitura do processo se tornava mais claramente a da análise grupal. Mas o que iria tornar-se o lugar desse grupo na instituição e, sobretudo, seu papel na transmissão da cultura de formação específica àquela que tinha desempenhado até ali? Poderia permanecer como esse lugar de transmissão e de aprendizagem por imersão? Para substituir a fundadora, psiquiatra, necessitava-se pelo menos de uma dupla formada por uma psicóloga e por um psiquiatra.

Diversas sessões de supervisão foram ocupadas, durante esse período de mudança, pela discussão dos desafios que essa mudança representava para a equipe do grupo terapêutico. Eu não abordava muito a vertente da instituição em seu conjunto, pois não via senão uma parte do conjunto dos atendentes, a saber, a equipe de animadores do grupo. Fui pouco a pouco sentindo que a história desse grupo terapêutico, muito ligado à fundação em si mesma do centro terapêutico, tornava-se uma espécie de pré-história no nível do grupo terapêutico atual. Não era fácil, para os novos líderes, investirem verdadeiramente nessa posição nova, inibidos pela herança. Eu sentia minha função de supervisor como aquela de um suporte regulador, e meu trabalho consistia em tentar livrá-los dessa sombra, certamente rica, mas paralisante da história ligada à fundadora. Esta se achava sempre presente na instituição, mas, de ora em diante, ausente do grupo terapêutico. Havia tanto o perigo de apagá-la como de fazer dela uma sombra por demais pregnante.

Vivemos assim um novo período, marcado pelos riscos habituais de uma supervisão. A equipe de animação se renovava periodicamente. Como essa supervisão se dava em meu escritório, eu tinha ecos indiretos da vida institucional propriamente dita. Assim fiquei sabendo um dia que, em vista de uma reorganização da rede na qual estava inscrita essa instituição, ia ser empossada uma nova direção. A fundadora ia deixar a casa. A nova direção ia mudar a orientação da instituição. Se ela permanecesse uma estrutura de acolhida de jovens adultos, mudaria de filosofia deixando o modelo comunitário para inscrever-se em um modelo mais francamente médico. Isso se traduziu na organização das equipes. Estas passaram a ser estruturadas de maneira mais hierárquica, e o poder dos médicos foi reforçado. As supervisões continuaram de forma regular, sem que aparentemente essas mudanças influíssem diretamente sobre o grupo terapêutico. Mas, depois de alguns meses, os dois atendentes que tinham assumido a função de líderes do grupo, um psiquiatra e um psicólogo, decidiram da mesma forma deixar a instituição. Sentiam-se, com efeito, por demais ligados a sua história, e não aprovavam a nova mudança de orientação. A equipe, de acordo com a nova direção, designou um educador como novo líder. Este há muito tempo era membro da equipe terapêutica e participava como coanimador no grupo. A nova direção insistia para que o grupo terapêutico se perpetuasse, achando que essa atividade deveria conservar um lugar importante no acompanhamento terapêutico dos pacientes. Se até então todo pensionista, salvo contraindicação, era bem-vindo nesse grupo, de ora em diante a seleção deveria fazer-se após uma indicação médica. A equipe de animação do grupo, dirigida por seu novo líder, estava um pouco desestabilizada. Eu compartilhava a incerteza deles e não tinha mais muita clareza acerca de meu papel.

Eu sentia a equipe de animadores do grupo motivada ao mesmo tempo a prosseguir nesse tipo de atividade no qual acreditava enquanto experimentava a sensação de suportar uma situação sobre a qual tinha escasso controle. Eu lhes propunha, então, que precisassem melhor e redefinissem o que pensavam poder oferecer aos jovens com essa abordagem grupal e apresentá-lo sob a forma de projeto à nova equipe dirigente. Já não sabendo muito bem onde me situar, eu sugeria por outro lado que se encontrassem com o médico-chefe, a fim de, de minha parte, precisar melhor os contornos dessa mudança e meu papel eventual na nova organização. A nova equipe dirigente me garantiu o quanto o grupo terapêutico era importante e apreciado. Esse grupo encerrava, com efeito, todo um saber e uma experiência acumulados no curso dos anos precedentes que se procurava conservar e desenvolver.

Após essa conversa, muito agradável, saí com o sentimento de me tornar uma espécie de avô, doravante depositário de um *know--how*, de uma experiência e de uma história institucional. Achava interessante e reconfortante, em todo o caso manifesto no discurso da direção, que a herança pudesse ser aceita.

Mudança do modelo

Dei então prosseguimento à supervisão regular desse grupo que se desenrolava duas vezes por semana. O líder da equipe de animação era doravante, como já o disse, um educador experiente que era, aliás, um dos últimos representantes da primeira equipe. Com o passar dos meses, foi levantado um problema importante. A direção tinha efetivamente redefinido para essa instituição uma estrutura fundamentada em uma hierarquia médica e psicoterápica. Os atendentes tinham dali para a frente tarefas e responsabilidades especificamente ligadas a suas formações: a responsabilidade pelas psicoterapias caberia a um psiquiatra ou a um psicoterapeuta. Os educadores cuidavam da educação, etc.

Ora, esse grupo dramático, reconhecido como lugar terapêutico e de formação, era conduzido por um educador. Estávamos diante de uma espécie de dupla coerção institucional: o grupo de vocês é muito formador, mas vocês não podem formar, pois formar para a psicoterapia é reservado ao médico psicoterapeuta ou psicólogo! Como escapar desse paradoxo, visto não ter eu acesso ao conjunto dos intervenientes institucionais? Eu formulava interpretações em torno do material relatado das sessões do grupo dos jovens, tomando-o também como depósito da problemática não elaborada dos animadores. Com efeito, discutia-se muito, nessa época, nas representações dramáticas, as situações nas quais confusão e impotência ocupavam o proscênio, das cenas de família ao passado difícil de gerir, de adultos ou progenitores que só deixavam pouco poder decisório aos jovens enquanto os solicitavam. Eu me perguntava se essas situações de adolescentes, dos quais muito se espera, mas nos quais ao mesmo tempo se tem pouca confiança, não representariam também a vivência dos animadores aos quais se pedia que prosseguissem animando o grupo na tradição do passado, mas ao mesmo lhes retirando certos poderes de que gozavam os mais idosos deles. Essas intervenções permitiram aos animadores que começassem a verbalizar o desconforto que sentiam sem poderem até ali defini-lo com precisão. Puderam então os animadores, pouco a pouco, se perguntar se era necessário manter esse grupo e se, em caso positivo, como. Poderiam verdadeiramente apropriar-se dele? Por que não encerrá-lo e discutir sobre isso? Submeti essas perguntas à equipe e, especialmente, ao educador que havia assumido a responsabilidade. Ele não se sentia efetivamente à altura desse depósito da instituição. Se eu até ali não dera muita atenção a isso, perguntava-me agora que papel representava esse grupo no processo de transição entre dois sistemas institucionais de valores diferentes. O educador, pego entre duas coerções, dava-se conta de que era necessário suspender o grupo, redefini-lo. Mas, se isso se desse, tinha a sensação de que iriam censurá-lo, acusando-o de uma passagem ao ato. Ele corria o risco de ser acusado de não querer integrar os valores do passado. Quanto a mim, não estava interessado em abandonar essa equipe que sofria, mesmo percebendo que meu quadro não era mais adaptado.

Crônica de uma morte anunciada

Algum tempo depois, a direção, apesar de reiterar seu apoio e seu desejo para que o grupo continuasse, decidiu que o número de sessões ficaria reduzido a uma por semana. Outras atividades tinham surgido, com efeito, e não se devia "sobrecarregar" os pacientes. Eu observava que a equipe que animava o grupo ia se renovando em ritmo acelerado. Para substituir aqueles que iam embora, indicavam-se novos atendentes para coanimadores. Eu percebia uma nova maneira de proceder: se até ali os animadores eram escolhidos por cooptação, no quadro da equipe, agora era a direção que decidia acerca dos animadores do grupo dramático. Por outro lado, como o atual líder não era um psicoterapeuta oficial, a direção pôs a seu lado, como colíder, uma psicóloga psicoterapeuta reconhecida.

Devo lembrar que até ali os encontros de supervisão se caracterizavam, acima de tudo, pela elaboração de um material clínico trazido pelos residentes. O vestígio da história e mais especificamente da equipe animadora se desenrolava num plano subjacente. Todavia, nessa época tive a sensação mais clara de que esse grupo terapêutico apostava mais na instituição do que eu supunha. As sessões de supervisão eram dali em diante ocupadas, em boa parte, em comentar as relações da equipe de animação com a instituição. Cada vez mais eu me dava conta de que esse grupo era o ponto em que se dava o cruzamento da conflituosidade entre o passado e o presente institucional, um choque entre as duas culturas. Havia o perigo de que os pacientes se tornassem reféns dessa situação.

Eu tinha de fato a sensação de estar perdendo o fio da leitura da dinâmica do grupo dos residentes e de estar cada vez mais interessado na escuta do fio do grupo institucional em seu conjunto. No entanto, eu mesmo me achava em uma posição particular: supervisor nomeado do pequeno grupo, mas não da instituição. Era eu, ainda por cima, portador de uma carga enorme de projeções. Eu fora escolhido pela antiga equipe dirigente.

Decidi informar à equipe sobre meu desconforto e propus que se dedicassem algumas sessões de supervisão à definição das relações que esse grupo mantinha com o "grupo instituição" que o continha. O líder dos animadores do grupo dramático pôde então evocar melhor sua sensação de ser constantemente castrado, tomado em uma espécie de filiação deletéria: julgava-se que ele deveria ser o continuador daquilo que a fundadora iniciara, mas se achava, por sua pertença profissional, na impossibilidade de ser legitimado. A legítima coterapeuta designada pela instituição vinha e tomava um certo poder, como se fosse uma sogra. Ela era, para alguns membros restantes da equipe, uma espécie de cabeça de ponte, nomeada pela nova direção, para ocupar o último vestígio representante da instituição passada. Último vestígio, mas também cripta como lugar de projeção. Nela se concentrava tudo aquilo que fizera a grandeza da equipe precedente e de sua fundadora, ao mesmo tempo idealizada e difamada. Eu percebia que o grupo terapêutico tinha sido de certo modo o coração da instituição, do qual todo o funcionamento se irradiava, e que o desmantelamento e a reorganização tinham modificado todo o corpo institucional, mas permanecia em último lugar esse coração que batia sem poder irradiar ou irrigar os novos tecidos. Tornava-se então uma espécie de aglomeração irredutível, deixada por outro lado com alguém impossibilitado de dar continuidade à descendência, por não ser legitimado. As fantasias que a equipe evocou foram nessa direção, visto que as imagens foram deste tipo: "Os alemães ocuparam a França, mas não destruíram o Louvre nem a Torre Eiffel". Era também uma morte suave a que o grupo era fadado, como comprova esta outra imagem: "Na China há limitação dos nascimentos, e as meninas têm um fim atroz, condenadas que estão a morrer de fome. Por que esse sofrimento, em vez da eutanásia?" Quanto a mim, eu sentia que era "um velho móvel" que se pegava e se tinha transferido da antiga estrutura para a nova. Dava-me conta melhor de minha passividade... Com base nessa impressão e nesses sentimentos, decidi propor ao líder do grupo que encerrasse o grupo dramático atual. Seria então possível, depois de uma pausa, encarar uma nova atividade grupal, que partiria de novas bases. Sugeri que se surgisse a necessidade de uma supervisão, era desejável que isso fosse com um outro. Tantas condições para marcar a passagem e fazer o luto da antiga instituição, e recomeçar em algo de novo, ligado aos novos valores institucionais.

Supervisor ou observador participante?

De propósito, dei a meu exemplo a forma de um relato, para descrever o desenrolar dessa intervenção. Transpor a entrada em uma instituição é, para recordar uma lembrança de infância, proceder mais ou menos como um viajante descobrindo um novo país. Vai aprendendo pouco a pouco uma organização, um quadro cultural, uma história. Meu relato enfatiza os movimentos institucionais que se desenvolveram no correr do tempo, sem mencionar todo o trabalho de supervisão propriamente dito. Lendo minha narração, pode-se inferir um certo sentimento de fracasso. Seria efetivamente o caso, se eu tivesse tido a ambição ou se me houvesse sido atribuída a função de favorecer a secundarização e a elaboração desse período de transição no nível da instituição. Mas não era esse o caso. Eu fora, recorde-se, chamado para supervisionar uma dada atividade. Ficou em último plano o meu objetivo: permitir ao grupo terapêutico ser um espaço criativo e favorecer a elaboração, para destacar um fio de leitura segundo uma escuta psicanalítica do material trazido pelos pacientes. Tentei, em corolário, favorecer a tomada de consciência, nos animadores do grupo terapêutico, de suas implicações conscientes e inconscientes no cenário institucional. Eles estavam, deste ponto de vista, tomando parte em um momento da história dessa instituição, como eu, aliás. No decorrer desse período deu-se a partida de sua fundadora.

Noutro lugar desta obra René Kaës relata com detalhes, de forma interessante, diversos casos de figuras de lutos ou partida de fundadores. Ele mostra ali como isso pode pôr em crise os suportes metapsicológicos dos membros da instituição. Pode-se, nessa situação, encontrar ali certos movimentos que ele descreve. Aqui a transição vai até a mudança de paradigma teórico institucional. O grupo terapêutico, prosseguindo, ia pouco a pouco se tornando um grupo conduzido sob os auspícios do antigo paradigma. Quanto a mim, supervisor e referente do modelo analítico, ia aos poucos me tornando depositário de um passado. Os animadores se voltavam tanto mais para mim, em um movimento que poderia também ser compreendido como resistência à mudança. Interpretei, aliás, neste sentido, diversas vezes o material que me traziam. Eu tinha tendência a remetê-los à instituição, encorajando-os a falar sobre ela. Eu não podia com efeito, dada minha posição, interpretá-la no nível da equipe institucional em seu conjunto. Seria possível, nesta perspectiva, censurar-me por não ter parado minha intervenção nesse estádio ou pedir para instaurar um quadro de análise institucional. Não o fiz, pois sentia que não poderia "abandonar" essa equipe em tal situação, provavelmente em um movimento de identificação um tanto exagerado: não se estaria substituindo o meu paradigma psicanalítico por um novo modelo?

Fui progressivamente percebendo que estava envolvido nos movimentos institucionais de modo insolitamente intenso. Sem me dar conta disso desde o início, fui uma espécie de "observador participante". Eu não podia ser o observador e apenas intervir no grupo dos animadores em suas recaídas. Eu não estava, em virtude da minha função e posição, habilitado a interpretar os movimentos no nível institucional, como o faria um analista encarregado de uma análise institucional. Para que tal processo fosse possível, seria necessário que eu emergisse de uma verdadeira imersão progressiva, da qual eu não tinha consciência nesse momento. Mas foi também essa imersão que me permitiu, num segundo tempo, verbalizar e dar um sentido àquilo que a equipe estava vivenciando. Este é aliás, a meu ver, um movimento próprio do analista de grupo quando se vê envolvido na dinâmica e dela se desvencilha, para que possa verbalizar os movimentos inconscientes latentes.

Este relato também permite pôr em evidência um certo estilo de intervenção que pode prestar-se a debate. O dispositivo aparece efetivamente um pouco mal definido e varia ao sabor das circunstâncias. É, de certo modo um dispositivo *a minima*. A esse propósito, sabemos o quanto o processo de elaboração é tributário de um dispositivo que permite sua análise. Gosto, na medida do possível, de favorecer a fixação de um quadro preciso e claro, tanto em situação individual como na grupal. Todavia, na prática não hesito, quando as circunstâncias o exigem, em me adaptar à situação, assentando-me antes de tudo em meu quadro interno. O dispositivo continua flexível, adapta-se ao contexto institucional, tendo como ponto de apoio aquilo que internalizei de meu modelo analítico e minha contratransferência. Claro está que, nesse tipo de dispositivo de intervenções pouco estruturadas, corremos o risco de enfraquecer nossa capacidade interpretante. Podemos vê-lo em meu exemplo, no qual quase não faço referência a minhas intervenções de ordem interpretativa. Nesse contexto, eu não me sentia em uma posição que me permitisse intervir diretamente apontando fantasmas grupais institucionais. Limitava-me a sublinhar a relação do subgrupo à instituição e os fantasmas que os habitavam. Exerci, desse ponto de vista, sobretudo uma posição de copensador, envolvido progressivamente pelo material "depositado" pelos animadores. Nisso o meu papel não foi absolutamente o de um supervisor, como se entende classicamente, que era o papel que me tinham atribuído.

Relembrando essa história e consultando as notas de minha intervenção, uma coisa me impressiona: se no começo aparece a alusão aos jovens e à temática das representações dramáticas, no final ela dá lugar a observações relativas ao sofrimento da equipe e a seus laços com a instituição.

Pude assim, mais tarde, reconstruir um processo e dar-lhe um relato como contei acima. Isso exigiu, sem dúvida, uma elaboração da qual não estive consciente no começo. Nisso eu me achava envolvido pelos movimentos institucionais, cujos amplidão e poder, sobre o grupo e sobre mim mesmo, eu não apreendera. O relato dos acontecimentos, sobressaltos, traumas, era trazido pelos animadores ao abordarem incidentalmente o material das sessões de grupo. Esses acontecimentos eram relatados sem na verdade serem pensados, como fatos do dia cada vez mais interessantes. O espaço da supervisão serviu, nesse caso, como lugar de transformação, de psiquicização. O desafio era passar de uma concretude dos fatos, que se manifestavam por ações (como por exemplo as partidas), a atuações ligadas a um processo de pensamento. Pude aos poucos dar sentido aos movimentos que se passavam no subgrupo dos animadores e sobretudo clarificar os níveis. Só pelo final da intervenção se tornou possível um começo de narração da história institucional. Limitava-me, como já o disse, a restituí-la à equipe em supervisão, centrando-me em seus papéis. Esse estabelecimento de sentido permitiu diminuir o sofrimento que eu percebia nesse grupo. Podiam pensar a partir de então nas dificuldades que viviam e que dizem respeito à instituição em seu conjunto. A eles cabia trabalhar o sofrimento nesse nível. Eu era, claro, tentado a querer restituí-lo diretamente ao conjunto da instituição. Mas os dirigentes não mo haviam pedido. Eu estaria, aliás, muito empenhado no nível do subgrupo dos animadores, para pensar em mudar de estatuto e ocupar-me com o conjunto da equipe.

Para abordá-lo com a equipe integralmente teria sido então necessário instituir outro dispositivo no nível institucional com outro interveniente.

Variações das buscas de ajuda no decurso do tempo

Tomando por base o que disse a propósito desse relato de uma intervenção em instituição, vou destacar algumas constatações mais gerais. As intervenções de um analista em instituição são variadas e podemos distingui-las em sua relação à temporalidade.

O tempo da busca

O analista pode ser chamado, como analista institucional, a se ocupar desde o começo com uma procura (de ajuda) ligada à instituição em seu conjunto. A direção da instituição está nesse caso, em seu discurso manifesto, pronta a entrar em um processo de análise. O analista deverá apresentar suas exigências, a fim de construir nesse caso um dispositivo adequado que permita um processo de análise. No entanto, em muitos dos casos, o analista inicialmente intervém, como em meu exemplo, para uma situação pontual. Esta aparentemente não implica todo o sistema institucional em seu conjunto. No decurso do tempo de sua intervenção, pode ocorrer que ele se veja ator de uma peça cuja existência ignora. À imagem do mergulhador (Neri, 1997), ele está envolvido no processo, mesmo sem estar consciente daquilo que se desenrola no nível do sistema grupal envolvente. Se este último começa a vacilar, sua problemática vai repercutir no subsistema grupal. Uma instituição, por sua história e seu desenvolvimento ao longo do tempo, é como a imagem de uma família portadora de valores, de uma ideologia que a fundamenta. Descreve-se nas famílias o fenômeno da parentificação (Boszormenyi-Nagy et Spark, 1973). Sendo fenômeno normal quando se mantém temporário, reconhecido e limitado, torna-se patológico ao se amplificar e sistematizar-se. Esse mecanismo pode então pesar gravemente sobre a criança, quando as exigências impostas ultrapassam seu grau de desenvolvimento. A criança pode então ver-se envolvida em um conflito de lealdade que a bloqueia.

O mesmo se dá, a meu ver, por analogia, com os diferentes subgrupos que compõem uma instituição A instituição transmite então, por uma delegação oculta e não reconhecida, sua problemática a um subgrupo. Deve então o analista tentar, ajudado nisso por sua formação, restaurar um espaço para pensar o processo e simbolizá-lo, para evitar a passagem a atuações não mentalizadas. Sua posição de estranho aos valores institucionais deve permitir-lhe, desde o começo, identificá-los melhor e perceber as eventuais denegações.

Duração da intervenção

Com o passar do tempo, todavia, o analista perde sua posição de terceiro exterior para se tornar parte interessada no processo e membro da equipe. Retomando a imagem evocada por minha recordação: quando intervenho, como analista, em uma instituição, acho-me em situação análoga. A nova instituição é um país estrangeiro com seu funcionamento específico que pode interpelar-me, pois, justamente, não sou parte envolvida nos não ditos, nos "isso é evidente" ou mesmo nos recalques coletivos próprios desta. Essa decalagem é essencial. Ela, porém, tende a se apagar com a passagem do tempo. Deste ponto de vista, se uma intervenção não quer tornar-se parasitária, deve certamente terminar um dia. Essa limitação pode muitas vezes dar-lhe um gosto de inacabado, como em meu exemplo, no qual teria sido seguramente judicioso ter a possibilidade de intervir no nível da instituição em seu conjunto.

Evolução das buscas

A propósito de temporalidade, também é útil questionar-nos sobre a evolução das procuras de ajuda dirigidas por uma instituição a um analista. Os analistas não cessam de observar a evolução das procuras de análises individuais. E observam muitas vezes que não há mais dessas procuras e que se trata de elaborar em um primeiro tempo a procura para poder introduzir um desejo de análise em um segundo tempo. Não ouvimos repetir que os pacientes não são mais o que eram, como, aliás, as outras patologias? Mas onde estão as neuroses antigas!? Essa evolução me parece também atingir as procuras coletivas institucionais. Cada vez mais somos efetivamente chamados a intervir sem que um projeto claramente motivado acompanhe a procura. Ainda por cima, um bom número de dirigentes de instituições não tem mais uma pré-representação precisa daquilo que o psicanalista poderia trazer. Não se deve esquecer que boa parte de nossa teorização de intervenção se fez junto a instituições de cuidados, em uma época na qual alguns de seus quadros possuíam mais ou menos uma experiência analítica. Hoje, isso não ocorre mais, o que se reflete nas procuras. Temos assim de fazer todo um trabalho de abordagem e de adaptação. Os dispositivos que aplicamos o são muitas vezes *a minima*. Desejaríamos com certeza estabelecer um quadro melhor adaptado a nossa abordagem psicanalítica, mas haveria o risco de ele ser rejeitado por ser muito coercitivo ou estranho demais. Essa adaptação é um trabalho de sedução no bom sentido do termo, no sentido de despertar um interesse no outro. O analista tem a oferecer, por seu modelo, uma escuta deslocada, abrindo para um espaço psíquico não dito ou recalcado. Mas é também necessário que esse deslocamento não seja um fosso, sem isso corre-se o risco de ficar isolado.

 Deste ponto de vista a instituição, ou melhor, as organizações mudaram. Isso é particularmente acentuado quando consideramos as estruturas de cuidados, *a fortiori* o campo da saúde mental. A segunda parte do século XX permitiu que se desenvolvesse no terreno do cuidado um número importante de novas instituições. Na origem de cada uma se achava um fundador, quase sempre carismático. Cada instituição ficava assim impregnada de uma ideologia dominante. Deste modo um bom número de instituições, sob o impulso de analistas de valor, ostentou claramente um modelo psicanalítico. Era, se assim se pode dizer, um *start-up* no domínio da saúde mental. Hoje, algumas instituições desapareceram, outras evoluíram como instituição mais estabelecida, com um poder doravante mais administrativo que ideológico. Muitas vezes não se faz mais referência a um só modelo de pensamento, mas antes a um caleidoscópio pragmático. Os líderes carismáticos são escassos e estamos assistindo a uma democratização do saber compartilhado. Dada a facilidade da mobilidade, não se é mais obrigado a permanecer muito tempo em uma instituição. Ao contrário, para fazer carreira, é de bom tom não se identificar demais com um de seus patrões nem permanecer muito tempo na mesma instituição. A relação dos indivíduos com a organização de cuidado é, portanto, diferente.

Evolução de nossa teoria

Nossa compreensão psicanalítica dos fenômenos institucionais se baseia principalmente nas analogias ao aparelho psíquico individual. Seguimos nisso o caminho traçado por Freud. Assim, para citar só um exemplo, E. Jaques (1955), em sua contribuição para o estudo psicanalítico dos processos sociais, nos mostra de que modo sistemas sociais, como instituições por exemplo, são defesas contra a ansiedade depressiva ou psicótica. Esse caminho, decerto apaixonante, talvez nos tenha levado a estruturar demais nossa leitura dos processos que se desenrolam em instituição segundo uma visão própria do modelo edipiano familiar. Assim a instituição foi, por analogia, apreendida segundo esse modelo rígido. Este é sobremodo pertinente quando estamos diante de uma instituição centrada em torno de uma figura fundadora. O próprio E. Jaques, aliás, alguns anos mais tarde, questionou a abordagem do modelo psicanalítico clássico ao qual recorrera. Ele insistiu, com efeito, sobre o fato de não termos até hoje um fundamento e uma compreensão adequados à compreensão das organizações *per se* (Jaques, 1995).

Trata-se pois de distinguir a organização em si mesma do grupo de pessoas que a investe. A evolução das estruturas sociais também teve seu reflexo sobre a evolução das organizações e, em particular, das instituições. Sem ser tão extremo como E. Jaques, isso deveria nos estimular a fazer evoluir nossos modelos, a fim de melhor podermos, graças a eles, seguir os fenômenos que nelas se desenrolam. Eis um verdadeiro desafio para os futuros analistas!

Capítulo 6

O mito da Escola republicana: uma fundação identificadora saturada

Florence Giust-Desprairies

> Ir até o fim da exigência de singularidade é dar o máximo de chance à maior universalidade: eis o paradoxo que se deve sustentar.
>
> *Paul Ricoeur*

Proponho-me, neste capítulo, tratar do sofrimento atual dos professores na e pela instituição escolar. Minha análise desse sofrimento não tem por objeto as disfunções internas dos estabelecimentos, mas as significações às quais subordinam sua funcionalidade nos mundos cada vez mais instituídos da Escola.

Vou examinar essas significações institucionais na medida em que nos informam sobre as transformações e os desafios sociais tocantes à questão da formação dos indivíduos como processos de socialização e de transmissão. Assim, para abordar a questão da instituição como herança, vou destacar em um primeiro tempo, e com o apoio de meus trabalhos teórico-clínicos anteriores,[24] de que modo certos traços culturais dominantes do sistema escolar, em suas relações com o mito da Escola republicana, estão ligados a uma problemática do laço intersubjetivo e às formas que sustentam a instituição desse laço.

Vou apresentar, em seguida, um dispositivo clínico centrado nos relatos escolares e profissionais de professores. Esse dispositivo é esco-

---
[24] "La figure de l'autre dans l'École républicaine".

lhido para tentar abordar com eles a crise identitária profissional que estão atravessando e que analiso como crise dos processos identificatórios, fragilização dos laços estabelecidos entre interioridade psíquica e significações imaginárias sociais da instituição em seu fundamento. Esse dispositivo se inscreve em uma empreitada de longa data, clínica e reflexiva, que diz respeito aos avatares do laço social,[25] por uma abordagem da perturbação que dê lugar à dimensão psíquica como à sua função de porta-voz de um mal-estar compartilhado, partindo da singularidade da experiência e interrogando os desafios culturais da construção de uma interioridade.

A face escura do sujeito das luzes

Examinando, através de uma prática clínica de intervenção, as problemáticas que tecem as experiências dos professores, em sua repetição, destaquei certos traços culturais dominantes do sistema escolar que, a meu ver, estão na base do mito da Escola republicana[26].

Minha hipótese é esta: em sua retomada histórica e social, o modelo da Escola republicana, fundamentado sobre o princípio de universalidade, se pôs a fazer funcionar um conceito da razão abstrata, tendo por corolário a cassação da subjetividade. Operou-se uma clivagem entre os processos de objetivação e de subjetivação, com a interiorização dessa clivagem manifestando-se por uma preeminência

---

[25] O qualificativo social integra a especificidade de uma definição psicanalítica a partir de uma concepção do inconsciente do trabalho pulsional atuando nos comportamentos e nas construções psíquicas. Compreende a concepção do outro como princípio constitutivo do sujeito e a conflitividade em seu impacto intra e interpsíquico, mas compreende também em suas lógicas próprias a especificidade das normas e das significações imaginárias sociais.
[26] Tomo o mito na concepção que estende seu domínio às produções psíquicas culturais, isto é, ao relacionamento entre os conteúdos representados pela coletividade no espaço designado pela cultura e a encenação do desejo que tem o fantasma como a expressão na cena privada (Green, 1980).

concedida ao pensamento racional e por uma denegação dos processos subjetivos.

Mostrei que os professores em dificuldade se protegiam da ameaça de esgotamento de seu investimento, recorrendo à racionalidade causal, e que essa defesa deveria estar relacionada com uma construção ideal da dessubjetivação. Na continuação, propus, sempre a partir do material clínico, que o universal enquanto significação imaginária fazia funcionar um universo do todo, da unicidade, do pleno e do unificado, e que absorvida na racionalidade soberana a alteridade se encarnava em duas figuras:

– o outro é o que se deve pôr para fundamentar a certeza. Trata-se do sujeito de direito como princípio, como estando presente desde o início, como começo e não como cumprimento;
– o outro é captado em uma totalidade: si mesmo e o outro como um todo, o que implica sua anulação.

Os princípios republicanos esboçam a figura de um professor, agente de transmissão de saberes que permitem a igualdade, a promoção social e a democracia. A cultura escolar encontra sua legitimidade em seu caráter universal, e a missão do professor ultrapassa as pessoas presentes e a especificidade dos contextos institucionais. Como estrutura de apelo, esses princípios ativam um fantasma de domínio das situações, que anula todo questionamento sobre a implicação dos protagonistas: supondo uma socialidade reduzida a estatutos e a papéis diretamente ligados à instituição, os professores são estabelecidos como portadores de um saber disciplinar que devem transmitir, servidores de uma legitimidade que os ultrapassa junto a um público não diferenciado. Esse modelo dá margem a um amplo debate, mas o que serve de suporte à identificação coletiva não são os próprios princípios que fundamentam a Escola republicana, como tais, mas suas significações sociais na medida em que são internalizadas. Estas criam um mundo próprio, um mundo específico para os profissionais que socializam. Assim, o que se deixa escutar, e que escapa a qualquer apreensão direta, são seus conteúdos como trama oferecida à experiência pessoal e comum. Nesse contexto de significações, a representação que o professor se faz de si mesmo é a de um ser independente, emancipado de toda determinação psicológica, social e institucional. Quanto ao aluno, espera-se que ele seja sem falha nem história pessoal, que introduzem uma carga potencial de conflitos em sua relação com a aprendizagem e com a transmissão. Essa construção da realidade do laço na escola escapa na maioria das vezes à consciência dos profissionais. Orienta, no entanto, sua prática e seus comportamentos, mesmo sem que o saibam, esboçando uma figura do professor e do processo docente que exclui a dimensão intersubjetiva.

A análise do mal-estar dos professores mostra que a razão objetivante favorece uma representação de si mesmo e do outro como unidade compacta pouco apropriada para se depreender uma compreensão das situações particulares. Ela estabelece a dessimplificação do sujeito reduzido a um papel, uma função que garanta sua neutralidade. Essa posição acarreta uma representação da aquisição de um conhecimento dos fatos em si. Como consequência disso, dão-se a generalização e a abstração dos fenômenos considerados como transponíveis de uma situação para outra, de um indivíduo para outro, mas não se especifica uma relação ou uma situação particular.

O imaginário da razão objetivante inclui o domínio racional, que impede a formação de uma representação de um sentido aberto, que se deve retomar sempre. Ela implica reduzir a complexidade das situações e das relações a uma relação de causa e efeito, introduzindo a negação de si mesmo e do outro como portador de lógicas próprias. Leva à procura da causa última (muitas vezes encontrada no comportamento dos alunos) e deixa impensadas as outras variáveis do contexto. Leva a querer soluções encontradas fora do campo da experiência, isto é, fora das pessoas envolvidas e do contexto no qual estão os problemas. Enfim, o modelo cultural republicano da Escola acredita que os homens, através da instrução, ganham em racionalidade e chegam ao saber, o que os torna seres livres para decidir. Mas disso fica excluído o conhecimento de si mesmo como fonte de desenvolvimento.

Esses traços culturais internalizados pelos professores presidem a maneira de se posicionarem na Escola e participam do mal-estar atual. Pois as mudanças culturais podem ser consideradas como críticas, no sentido em que invertem os sinais: de um lado, um universo marcado por significações como a igualdade, a homogeneidade, a objetividade, a cultura única; do outro, um mundo social caracterizado pela heterogeneidade, a pluralidade das lógicas, o relativismo, a subjetividade, o local, o particular. As transformações do mundo contemporâneo efetivamente introduzem na Escola novas significações que vão atacar as construções coletivas anteriores. Elas tornam a introduzir, brutalmente, os conteúdos que dela haviam sido excluídos, denegados, e que entram por efração com as diferenças étnicas dos alunos, mas também com o novo estatuto dado à subjetividade naquilo que se convencionou denominar o individualismo democrático (Gauchet, 2001). Mutação societal, cuja preeminência concedida ao indivíduo contribui para dissolver a normatividade coercitiva, herdada de uma instituição onde a idealidade e a autoridade davam sua efetividade ao sentimento de pertença e de identidade.

O "cogito ferido"

A exploração das significações imaginárias em seu conteúdo internalizado mostra que a soberania do sujeito moderno e de seu projeto de emancipação remete a um tipo de sujeição que se revela no mal-estar do sujeito contemporâneo. A crise se deve à ruptura mutativa de um universal que se revela, na sociedade contemporânea, internalizado como um particular idealizado que oscila no heterogêneo.[27] Os conteúdos incorporados que esboçam um laço ao outro já realizado,

---

[27] Em *Les formes de l'histoire*, Claude Lefort mostra de que modo o fundamento dos direitos de indivíduos livres e iguais, a partir de uma representação de um sujeito abstrato, impõe uma sociedade idealmente homogênea que se torna heterogênea, como nunca, sem sua enunciação efetiva.

predeterminado, anterior a toda entrada em relação e ordenando-a, não protegem mais suficientemente o mestre do encontro intersubjetivo e de seus riscos. O contato com o real da escola se dá como incompreensível ou intolerável na medida em que a experiência de seu não domínio leva a se refugiar em construções idealizantes de um passado engrandecido e a projetar um outro exterior, ameaçador, que vem acompanhado de uma volta para dentro de si mesmo sob a forma de um exílio interior. A construção identitária, forjada a partir de um imaginário unitário e universalizante, já não constitui um recurso para estabelecer uma relação que resista à redução ao Uno. O outro absoluto, visto que não consente mais em sua abstração, mas se impõe como modalidade cada vez mais particular da relação que se mantém com ele, torna-se impuro.

Que a relação fragilize, ameace, faça sofrer não é novidade, mas a dramatização do laço na Escola se deve a essa opacidade do outro que resiste a toda perspectiva de transparência. A obsessão de ter que abdicar da exclusividade de suas normas naturalizadas se exprime, para o professor em dificuldade, como uma repulsa a compartilhar com outro cuja exclusão é uma resposta à ameaça de dissolução. No nível psíquico, o confronto com a heterogeneidade individual, social e cultural expõe esses professores a uma pluralidade interna do ego, sobretudo aos conteúdos denegados que dizem respeito à ambivalência, à carência e à vulnerabilidade.

Assim, a aceleração dos processos geradores de alteridade, que caracteriza nossas sociedades contemporâneas, atinge os atores da Escola, profundamente tocados pelo que vivenciam como excesso de estranheza. A ameaça vivida face às características atuais nas classes tem a ver com o fato de haver por trás do aluno um conjunto de representações relativas ao estatuto da diferença e do outro que suscita problema. A figura do outro, impensada, se dá como um vácuo, um branco, que cerca o sujeito de razão ou como um obstáculo que vai esbarrar contra um outro encarado em uma total inclusão (o outro é um duplo de mim mesmo), ou em uma exterioridade radical (o outro não passa de um estranho que não tem nada a ver comigo). O que aparece é a persistência, apesar dos discursos mantidos, de uma imagem de si que se caracteriza por uma certeza, aquela de sua intencionalidade forçosamente boa e justa para com o outro. Ora, a procura do aluno, hoje, se apoia em uma representação do indivíduo concretamente inscrito em relações avaliadas no imediatismo de uma vivência de proximidade. É a de um ajustamento em arranjos reconduzidos, e ele mostra má vontade para se conformar a uma ordem enquanto as regras na Escola se impõem quase sempre sob a forma de imperativos. Ele se mostra reticente a reconhecer um sistema superior, hierarquizado em um contexto cultural de enfraquecimento da autoridade e reage fortemente às contradições que não cessam de sublinhar, como o fato de que a razão objetiva possa estar a serviço de interesses particulares ou que lógicas discriminadoras se apoiem em uma afirmação igualitária.

Deposto da soberania que recebera de sua abstração e do apoio de sua autoridade pelas instituições, o professor se vê assim diretamente encarregado de constituir o laço. O ideal de universalidade, representado pela racionalidade e pela abstração, perde sua capacidade unificadora e, em particular, não opera mais a descentração que o protegia suficientemente dos desafios psicológicos e sociais da relação. A fundação perdida é a da unidade em torno do imaginário de um "todos idealmente semelhantes" por um retorno à Escola contemporânea das identidades múltiplas, heterogêneas e móveis e, com este último, da conflituosidade do sujeito.

Uma fundação homogeneizadora saturada de alteridade

A análise do sofrimento vivido permite esclarecer de que modo o mal-estar associa a perturbação da fundação à função instituinte. O mito da Escola republicana se revela como formação imaginária identificante saturada, posta em xeque em sua função estruturante e defensiva, na medida em que as evoluções sociais opõem uma resistência às significações que esse mito forjou. Ataque dos metassuportes, falha na fundação que se revela naquele momento em que se abre uma distância muito grande entre as significações instituintes/instituídas homogeneizadoras e as realidades sociais contemporâneas, saturadas de alteridade.

A elucidação com os professores de seu mal-estar me permitiu abordar como se operava para eles a perda de um espaço familiar, quais significações sociais e qual construção de idealidade estavam subjacentes à representação dessa perda, pondo em xeque os conteúdos identificantes de uma continuidade subjetiva

O acesso a essas construções levantou para mim outras questões quanto aos modos de acompanhamento dos profissionais em face dos desafios culturais da socialização nos estabelecimentos escolares, confrontados com a questão de sua missão de instrução, à qual se soma uma missão social inédita. Eu estava preocupada com as consequências do reforço defensivo de muitos professores, que eu via se engajarem, para neutralizarem os movimentos conflituosos e contraditórios que sentiam, em uma relação desumanizadora com os alunos. Via-os, para se protegerem dos efeitos decepcionantes, reforçar o processo de objetivação das situações. Objetivação que se apresentava como o único recurso para evitar o conflito e resguardar sua própria ambivalência. Esses professores dizem que experimentam um sentimento de vazio e mostram sua privação diante de uma ausência de conteúdos representáveis. A descoloração dos conteúdos insustentáveis lhes permite escapar a essa parte de si, inquietada pelas invasões, mas leva a uma sideração imaginária que se manifesta por uma desafeição do laço em que opera uma construção subjacente, mortífera, recoberta por um sentimento de devotamento desesperado. Essa disposição interior encontra assim um buraco, um vazio, que gera um efeito de aspiração. A desvitalização do mundo do outro e a impossibilidade de projetar este último no futuro, impossibilitam a manutenção do investimento e confrontam os professores com o temor de seu próprio desmoronamento, projetado sobre os alunos em uma violência quase sempre desconhecida.

Assim o "pacto denegativo" inconsciente (Kaës, 1987), destinado a assegurar a estrutura do laço, se rompe, pondo a questão da instituição em sua relação com a herança. Pois se a função de apelo das significações imaginárias sociais da Escola republicana não oferece mais aos sujeitos os meios de se protegerem, de se fazerem reconhecer, e não traça mais as vias do investimento; se os valores determinantes não são mais evidentes, mas devem ser construídos; levantam-se diversas questões: como pode formar-se o aceitável e o tolerável em uma construção do sentido ao mesmo tempo para si e os outros? Como é que a Escola pode, hoje, assegurar suas funções socializantes e simbolizantes através das relações que instaura? Em nome de quais ideais pode assegurar possibilidades de identificação e de sublimação organizadoras do laço de transmissão?

Atravessada por essas questões e às voltas com a solicitação de professores, confrontados com uma fragilização identitária tal que se acham na impossibilidade de enfrentarem as situações que se lhes apresentam no exercício de sua profissão, fui levada a propor um dispositivo clínico específico, que permitisse a elaboração da alteridade do laço na Escola. Dispositivo centrado nos relatos escolares dos professores com uma atenção voltada para a problemática identificatória, para a formação dos ideais e para o processo de investimento. Pelo dispositivo do relato, tratava-se de favorecer a reconstituição de um traçado na memória escolar que funda a interioridade de cada um e participa de sua construção identitária e de abordar os cenários que presidem à construção de si como profissional docente e instruem as situações escolares, examinando os efeitos de ressonância entre histórias familiar, social e escolar, consideradas em suas imbricações. Visava-se abordar as modalidades de passagem entre a captação imaginária do outro e os processos de simbolização como processos de historicização, os componentes alienantes e estruturantes das identificações, os mecanismos de ligação e de desligamento, mediante um trabalho sobre os conteúdos incorporados e os pactos inconscientes.

Um dispositivo clínico para elaborar uma história psíquica e social

O dispositivo proposto se inscreve no contexto da formação permanente dos professores no seio de uma universidade. Nos anos 90, a constatação de um aumento preocupante do mal-estar dos professores encontrou em um dos responsáveis uma vontade de estabelecer dispositivos de análise das práticas, para favorecer, nos mestres, um trabalho de elaboração das situações que lhes causavam problema (dispositivo pouco praticado nessa época nos meios escolares). Sou então solicitada para animar diversos grupos e dirigir um trabalho de supervisão com clínicos, estes mesmos engajados na animação desses grupos. No decurso desses anos, tentei convencê-los de que o tempo dispensado (três dias por ano) era insuficiente para um trabalho de elaboração que necessitava inscrever-se na duração, e fui beneficiada com uma "medida de exceção" de quatro vezes dois dias por ano, durante três anos letivos, para estabelecer um dispositivo centrado nos relatos, construção frágil, dado ser necessário cada ano argumentar para a recondução dos dias e mudar os termos da oferta, para que esta aparecesse como um novo dispositivo, e isto sem garantia de sua manutenção. Os dez estagiários que inscrevem sua procura nessa oferta foram, para alguns, beneficiários de uma tentativa de análise esboçada no grupo de análise das práticas. Todos exprimem uma procura formulada nos termos propostos: questionar a construção de sua identidade profissional. Alimentam como expectativa explícita um alívio de seu sofrimento.

O dispositivo é um convite, quanto à duração, a entrar pelo relato e sua análise em uma história que vai da entrada na escola até a profissionalização. O caminho adotado se caracteriza por um trabalho sobre relatos em grupo. Escolho o termo relato clínico para indicar que não se trata de efetuar a reconstituição de uma história de vida, mas de favorecer a emergência, na história que se conta, de uma nova história e, com esta, de outras possibilidades de ver e entender. Os seminários de dois dias seguem a cronologia do tempo. Por exemplo, no curso da primeira sessão, pede-se a cada estagiário que descreva as primeiras imagens, as primeiras sensações ligadas a sua escolarização, bem como o contexto familiar e o contexto social em que se fez esse primeiro contato com a escola. As perguntas são concretas: o que é que leva vocês à escola? Por quem e como é falada essa entrada? Como é que você vê sua família? A classe? etc. Com os estagiários nos demoramos formulando esse questionamento com o cuidado, de minha parte, de uma investigação que leve em conta diferentes registros: a relação consigo mesmo, com os outros, com o ambiente. Cada um é convidado a se pôr de novo na presença de situações vividas na pluralidade de seus componentes. Nas sessões seguintes, vamos deter-nos sucessivamente sobre a escola maternal, depois sobre a escola fundamental e secundária. Vamos tomar todo o tempo que cada etapa exigir para o grupo. Assim o momento do bacharelado constituiu o objeto de forte mobilização, e nos demoramos amplamente desdobrando seus desafios individuais e coletivos, antes de passarmos ao período de formação profissional. Significações individuais, mas também coletivas, pois, pela convocação feita no relato às dimensões culturais, institucionais e sociais, também se escuta uma história coletiva habitada.

A abordagem clínica, na qual inscrevo esse dispositivo, deve ser compreendida como uma presença diante dessa situação cênica complexa, em movimento, contraditória, ou o sujeito compreendido como o lugar de confronto de forças (instâncias psíquicas em conflito) e como portador de uma divisão estrutural, e também visto como atravessado por lógicas e significações institucionais e socioculturais. A procura diz respeito à experiência de sujeitos em sua relação a uma situação profissional, portanto de um sujeito em situação social. Na palavra elaborativa a atenção está voltada, de modo particular, para os efeitos de encontro entre problemática individual (fontes e modos de investimento, mecanismos de defesa, dinâmicas identificatórias, figuras do ideal...) e lógicas institucionais e coletivas.

No início do seminário, reserva-se um tempo para expressão livre sobre a sessão precedente e os meses passados. Em seguida, repasso a história de nossa caminhada para contextualizar e dar novamente atualidade ao período que vai ser trabalhado. Preparei algumas dicas abertas para favorecer a investigação, e nos consagramos por um momento a repassá-las em vista de uma apropriação pelos estagiários. Segue-se um tempo pessoal de contato com suas próprias experiências do passado, suas lembranças, antes que cada um tomasse a palavra. Após cada relato, que dura o tempo necessário para o narrador, sem sofrer interrupção; quem o desejar, fala sobre aquilo que ouviu e experimentou, integrando os efeitos nele produzidos como resultado dos relatos anteriores quando sentem essa necessidade. A partilha emocional, representativa e interpretativa, estimula a função elaborativa, que se aprofunda com o correr das semanas.

Cabe-me, no curso do processo, a função de estabelecer um espaço que permita a elaboração psíquica favorável à emergência de um regime particular da palavra que não é o dos usos habituais dos professores, sobremodo inclinados a convencer, afirmar, demonstrar. De instaurar essa especificidade de uma relação com a palavra, que abranda sua expressão, de realçar-lhe os benefícios de sentido e, tendo estabelecido essa relação, cuidar de mantê-la. Sendo o suporte do quadro, procuro constituir-me como receptáculo dos movimentos afetivos subjetivos e intersubjetivos.

O infantil e o socializado

Nos momentos de análise, minhas intervenções têm por alvo ao mesmo tempo aquilo que se atualiza transferencialmente no grupo (o que se diz e o que se passa no aqui e agora da situação e das relações) e o entrelaçamento, em cada história contada, dos diversos registros implicados.[28] Escuto o que é próprio de cada um e me sensibilizo com as significações imaginárias, institucionais e sociais, que predispõem e solicitam a subjetividade. É para o elemento imaginário que me leva eletivamente minha escuta. O que procuro captar, não é tanto a representação estática, e sim o processo, a caminhada, a questão figurada. Apreender como a imagem pega e se encarna no tempo e no espaço. Minha atenção se volta para a maneira particular que uma imagem possui de fazer surgir um mundo ou de impedir um outro de aparecer, de pôr o atual e o passado um na presença do outro, o aqui e o alhures, o infantil e o socializado, a realidade e o desejo, a transparência e a opacidade. No coração dos investimentos pessoais e partilhados, os deslocamentos, os desmentidos, as confirmações, trazidos pelos construtos sociais, dão a entender a Instituição como "constituição ativa" a partir de significações imaginárias, "vivência mais real que o real, porque não sabida como tal" (Castoriadis, 1975).

Nesta perspectiva, cabe ao relato a função de reconstruir um conjunto de processos que permitem captar de que modo o ato profissional e seu impedimento se dão contra um fundo opaco do viver e do sofrer. Acha-se então em jogo o acesso aos processos pelos quais a configuração de uma situação, de uma experiência em sua apresentação e "sua colocação na intriga" (Ricoeur), se encontra solta, tornando visíveis as construções individuais e coletivas; a surpresa como o efeito de sentido fazendo aparecer extemporaneamente a coerência e a necessidade daquilo que se apresentava como privado de sentido ou explicado com demasiada facilidade.

---

[28] O quadro restrito deste capítulo não me permite entrar na análise de minhas implicações concernentes à especificidade de minha abordagem clínica e à escolha do dispositivo. O leitor interessado poderá reportar-se a dois textos escritos naquela época. O capítulo 10 de *La figure de l'autre dans l'École républicaine* e o capítulo 9 de *De la clinique: un engagement pour la formation et la recherche*.

Abrir para essa palavra é uma via para desfuncionalizar os discursos explicativos e causalistas. Os profissionais passam a ouvir conteúdos, como imposição de sentido, imposição de ordem, aliás, mais que de sentido, e que instruem sua maneira de ser e de fazer. O processo de mobilidade passa por uma tensão íntima entre esses conteúdos articulados do sentido e o que procura abrir passagem entre o imposto e o impensado. A importância é concedida a essa palavra dirigida em grupo, que permite sair do isolamento e reavivar a consistência intersubjetiva na qual a experiência do sentido se dá como inseparável da experiência emocional. O objetivo é este: proceder de sorte que as dificuldades, constatadas pelos profissionais, possam constituir-se coletivamente como objeto de pensamento e de palavra.

A execução do trabalho psíquico ocorre dentro de um grupo. Tornarei a referir-me à importância da grupalidade nos desafios mutativos visados, mas eu gostaria de mostrar, por um exemplo clínico, a trama das determinações inconscientes entre as necessidades psíquicas, as ligações intersubjetivas, a subordinação às "vozes do conjunto" (Aulagnier, 1975), o emaranhado das transmissões entre as diversas gerações, familiais, sociais, institucionais, sublinhando seu caráter conflituoso no interior do sujeito.

De aluno a mestre: história de um percurso

Ter dificuldades em sua classe

Os primeiros tempos na profissão são vividos por Severine S. no entusiasmo:

> Eu tinha contato com os alunos e isto se passava muito, muito bem. Diziam que eu tinha o sentido da pedagogia e era maravilhoso.

Essa satisfação no trabalho se estende por uns cinco anos até o momento em que a professora tem de confrontar-se com alunos "contestadores", de modo particular, questionando um método de avaliação, rigoroso e difícil, preconizado nas obras destinadas aos professores e que ela aplicava "sabiamente". Tratava-se de interrogar continuamente os alunos que, a cada resposta, ganhavam uma cruz, no caso de resposta correta, ou um zero, no caso de erro.

> "Senhora, chega desse seu sistema, a gente recebe uma nota sem parar, é terrível, assim que a gente erra já é julgada."

Diante desse desabafo, que ela sente como agressão caracterizada, Severine S. se irrita e se põe a gritar:

> "Sou eu quem decide, não compete a você julgar como se deve dar nota. Sei o que tenho de fazer, ponto final!"

Essa intervenção despertou a revolta na classe. Outros momentos de classe são assim apresentados, mostrando a professora submetida a uma situação quase traumática, no sentido econômico como Freud o entende, isto é, a vida psíquica não pode mais, de repente, administrar o excesso de excitação imposto pelo acontecimento vivido, aqui o outro, quando não mais totalmente sob controle. Sentindo-se como irrepreensível, a professora diz estar passando por um sofrimento injusto e, com isso, guarda um vivo sentimento de desânimo.

O percurso escolar

> "Sou de origem judia, isso é um problema para mim desde a mais tenra infância, e tenho de carregar esse peso às costas."

Evocando suas origens, situadas no contexto histórico do projeto de extermínio dos judeus pelo regime nazista, Severine S. principia seu relato, respondendo ao convite recebido para expor seu percurso escolar:

"Meus pais fugiram de Viena em 1938 e salvaram a pele escondendo-se em vagões de gado. Toda a família foi exterminada".

Essa evocação é completada por uma apresentação de cada um dos progenitores, centrada nas consequências da história deles no percurso escolar e profissional da filha.

As primeiras lembranças escolares de Severine S. se inscrevem assim no clima de medo, explicado também pelo modo de proceder de sua irmã "sempre muito malcomportada" e a preocupação dos pais para que não ficasse resfriada:

"Em minha família sempre tivemos medo de resfriado. A gripe é terrível; mamãe tinha muito medo de que eu ficasse doente".

Esse mal-estar é compensado por bons resultados escolares e pelo prazer de dar satisfação:

"Eu era uma das melhores da escola, bem-comportada e muito dócil".

O ciclo da escola maternal se encerra com esta palavra de uma instrutora que, como veremos, será compreendida por Severine S. como profética, mas ao mesmo tempo como advertência:

"'Severine é uma menina muito séria, será sempre uma das dez primeiras da classe'. Essas palavras me marcaram terrivelmente e disse para mim mesma que eu não deveria decepcionar, que era preciso que eu estivesse entre as dez primeiras em toda a minha vida escolar (...), sempre ficar entre as dez primeiras era vital".

Mais tarde, desta vez uma palavra da diretora, leva Severine S. a sentir-se na obrigação de "ser o contraexemplo" da irmã:

"Importa absolutamente que você trabalhe bem, porque, com sua irmã, era uma catástrofe".

Nesse período, Severine S. se torna amiga de duas garotas estrangeiras, mas essa intimidade é reprovada por seus pais, que lhe proíbem essas amizades. As histórias que retornam fazem emergir uma figura de mestra aterrorizadora e de crianças humilhadas, com as quais ela se identifica:

"Lembro-me de uma instrutora, muito violenta, ela quebrava as ardósias em nossas cabeças, atirava os cadernos pela janela. Eu tinha desenhado uma paisagem com neve e pintei com um pouco de violeta. Ela riscou tudo. Eu tinha um medo terrível dela. Ela envergonhava as alunas que não cuidavam direito dos cadernos. Um dia ela amarrou com uma cordinha a ardósia no pescoço de uma aluna, e esta teve que escrever, na ardósia, que era uma sujona. A menina teve que percorrer todas as salas de aula da escola. Chorava copiosamente. Comecei a soluçar, não aguentava isso [...]. Uma amiga, Irene, era objeto de zombaria das outras, que faziam misérias com ela, às vezes a xingavam de judia suja, e isso me afetava muito".

No Liceu, a tensão se torna ainda mais forte, pois, embora Severine S. faça tudo o que pode para respeitar o contrato de se manter entre as dez primeiras, a mocinha não deixa de se defrontar, algumas vezes, com notas ruins, então vividas como "um drama terrível", "uma desonra". A essa tensão vai somar-se um duplo conflito quanto à escolha das línguas que vai estudar. Severine S., que mostra aptidão para a aprendizagem de idiomas, quer escolher o alemão, malgrado a oposição cerrada de seus pais.

"Para eles, todos os alemães, todos os austríacos são nazistas, deve-se fugir deles, odiá-los, eles perseguiram toda a família."

Severine S. argumenta: "É impossível todo mundo ser mau", e os pais acabaram aceitando a escolha do alemão como segunda língua.

"Eu adorava línguas, era sempre a primeira", insiste Severine S. Continuando seu discurso, evoca seus sucessos em Matemática, intrigada, todavia, por sua impossibilidade de servir-se de um transferidor. Severine S. traz então à lembrança duas figuras sucessivas e contrastadas de professoras de Matemática, portadoras, uma da ansiedade e do fracasso, a outra da serenidade e da vitória.

"No segundo ano, uma catástrofe. Uma professora de Matemática, muito severa, nos humilhava. Comecei a ter pesadelos com essa professora que tinha olhos azuis muito claros, que nos fixavam e nos metiam muito, muito medo."

Essa professora sugere a repetência. Mas repetir o ano, para Severine S., era "a pior das vergonhas. Não se devia envergonhar a família". Ela qualifica essa experiência como "choque psicológico" e a associa a um princípio de anorexia, cuja causa, todavia, é atribuída a uma gripe que ela "pegou" em uma colônia de férias.

A segunda experiência convoca uma professora que permite a Severine S. reconquistar um lugar de primeira em Matemática, professora caracterizada, também, por seus olhos:

"Seus olhos tinham cores diferentes, um olho era azul e o outro castanho".

Quanto aos exames, apesar dos bons resultados obtidos na carreira escolar, Severine S. constata que tem um medo persistente do fracasso que atribui à predição de Madame Verret, relativamente a seu lugar entre as dez primeiras. Na diplomação, tomada de "pânico", Severine S. "rabisca toda a página de seu dever de Matemática, fazendo outros cálculos".

Os períodos de exame, e particularmente a passagem para o bacharelado, são marcados por hospitalizações inesperadas de seus genitores, que Severine S. atribui à recusa deles para que ela estudasse alemão. Apoiada, todavia, por sua professora de Filosofia e amparada pelo afeto e pela admiração que esta lhe dedica ("eu sonhava ser filha dela"), Severine S. decide lançar-se a estudos superiores de alemão, apesar da oposição dos pais, que não desejam vê-la enveredar por esse caminho. Excelente aluna, Severine S. obtém sempre o reconhecimento de seus mestres, mas essa valorização continua sendo sempre, para a jovem, ilegítima.

O percurso de formação

Severine S. vai se saindo bem nos estudos até a passagem do concurso para a profissão de docente, na qual, outra vez, seu pai é hospitalizado por causa de um infarto, obrigando-a a passar no hospital a noite anterior às provas.

"Eu estava totalmente perturbada [...] estava completamente mal [...] estava completamente insegura e, depois, catástrofe, não me sai bem na prova de aptidão profissional. Diante desse fracasso, acreditei que havia chegado minha sentença de morte. Sofria extremamente."

Recuperando-se dessa prova, no ano seguinte Severine S. conclui o mestrado em alemão e sai-se bem no concurso. Em seguida, ela tenta a agregação, para a qual é admissível, mas a professora, a essa altura "perseguida pelo destino", passa a noite precedente no hospital, à cabeceira da mãe, que havia fraturado o colo do fêmur. Severine S. decide então não passar mais no concurso, renunciando à agregação:

"Porque – diz ela – no próximo concurso meus pais teriam falecido, e não valeria a pena".

O percurso profissional

Os primeiros passos de Severine S. como professora se passaram, como vimos, em clima de enorme satisfação até a revolta de um grupo de alunos diante de um sistema de avaliação que julgava insuportável.

Nesse período de perturbação e de dúvida, a jovem mulher se inscreve, "com terrível avidez", em estágios de formação que só fazem aumentar sua ansiedade.

Uma nova palavra institucional, a de uma inspetora de alemão, toca Severine S. e nela permanece para sempre: "Deve-se tornar o alemão amável". "Gostei muito dessa frase, eu a relembro muitas vezes".

A construção de si como sujeito instituído

Do destino à história

Criança medrosa, que precisa esconder-se para fugir à zombaria e à rejeição, é assim que Severine S. vai chegar à escola. A ameaça que atravessa todo o período escolar da aluna encontra uma primeira confirmação em uma angústia materna, mas também em uma injunção institucional que, enquanto corrobora os conteúdos do medo, oferece uma via de fuga:

• angústia da mãe, de que sua filha se resfrie e pegue a gripe;
• injunção de uma diretora à submissão, e isto para fugir à humilhação e à exclusão vivenciadas por sua irmã. Severine S. é estimulada a ser um "contraexemplo", para escapar à sorte da irmã mais velha. A submissão aceitada, que se manifesta por uma autodisciplina e por aplicação ao trabalho, permite a Severine S. saborear o prazer de uma integração bem-sucedida, a de ser "uma das melhores da escola". Mas a expectativa institucional, pela voz das instrutoras, condiciona o reconhecimento à permanência dos bons resultados, apresentada a Severine S. como seu destino "estar sempre entre as dez primeiras". Essa

palavra, que se torna a organizadora do mundo interior de Severine S., e lhe instrui o percurso, é ouvida ao mesmo tempo como uma promessa e como uma ameaça:

– promessa de um destino de sucesso que faz Severine S. "acreditar em sua chance";

– ameaça de não alcançar o nível de desempenho que condicione sua não exclusão, sua integração, e que faz dessa palavra um desafio "vital".

Severine S. se vê, assim, tomada por essa tensão entre realizar seu destino e estabelecer conexões com ele. Se vê, assim, a aluna levada "naturalmente" ao sucesso escolar. "Tudo vai bem", mas a satisfação proporcionada por esse sucesso é acompanhada por forte ansiedade que surge volta e meia, provocando "um drama terrível" e uma "desonra" quando as notas baixam.

Aquilo que se atualiza no espaço clínico nos faz abordar outros conteúdos: esse "drama terrível", que retorna a cada baixa de resultados e hipoteca a realização do destino traçado pelas mestras, é o do extermínio dos judeus. O mandato familial inconsciente, ao qual se acha presa Severine S. e que, segundo as palavras que ela usa no início de seu relato, "pesa sobre seus ombros", é resgatar a vida, dar um futuro a uma família exterminada, levando a bom termo sua integração social. As notas baixas põem Severine S. diante do risco da "desonra". Trata-se de honrar a família, mostrando-se digna de cumprir o contrato fixado. Nesse contexto de significação, a ameaça trazida pela escola é a da humilhação e da exclusão. Vai tomar, no primeiro período da vida escolar de Severine S., a forma de uma cena em que se destaca a figura de uma professora terrível e violenta que humilha as crianças e rabisca sua criatividade, ou de colegas que maltratam uma menina. Crianças com as quais, toda vez, a menina se identifica.

A angústia da família, e que forja a de Severine S. em sua contribuição ao pacto de família, toma a forma, já o vimos, de medo da gripe. Voltaremos ao sentido dessa gripe, mas já se pode sugerir que ela representa, no inconsciente dos pais e para a própria Severine S., o medo da morte. O obstáculo maior à realização do pacto é a morte de Severine S., que permanece presente no traumatismo vivido por seus pais ao perderem toda a família.

O *desafio vital* do sucesso escolar significa sair-se bem ou fracassar na integração a uma sociedade que fixa por suas normas as condições da sobrevivência. Mas essas normas, apresentadas a Severine S. desde a entrada na escola pelos representantes da instituição, que desfraldam o contraexemplo da irmã, encarnam-se no trabalho escolar sob um regime de submissão. No colégio, os desafios vão mais diretamente se situar na aprendizagem da língua alemã, opondo Severine S. aos pais, em um claro conflito, do qual a jovem tem consciência. Aprender o alemão é, para os pais de Severine S., assinar um pacto com o inimigo, mas a jovem reintroduz no contrato que a liga a seus pais um elemento relativo à reparação que passa por uma reconciliação com os alemães.

A insistência de Severine S. em optar pelo alemão, a confirmação de seu sucesso no aprendizado de línguas e o apoio da instituição escolar fazem os pais "ceder", mas o conflito vai tomar então caminhos mais obscuros. O temor da doença para a filha se desloca para estes últimos em uma realidade efetiva de sintomas, toda vez que Severine S. está pronta para submeter-se a um exame. Vimos a jovem todas as noites de véspera de exame no hospital, à cabeceira do pai ou da mãe. É possível sugerir que ao escolher aprender a língua do inimigo e confirmando essa escolha pela decisão de se tornar depois professora de alemão, Severine S. teria forçado os pais, de forma inconsciente e em conexão com o traumatismo vivido, a experimentarem o caminho tomado pelo sucesso da filha como um perigo de morte para eles. Cenário inconsciente que será partilhado, sem o saber, por Severine S., ao renunciar ao exame de agregação, para "impedir" – dirá ela – que seus pais venham a falecer.

O conflito assumirá outras formas para a jovem, sobrecarregando com um alto custo psíquico o sucesso escolar e profissional. Por um fenômeno de clivagem, Severine S. investirá positivamente na aprendizagem da língua alemã, carregando esse investimento com os desafios da reconciliação e da reparação. Conteúdos que serão revelados – mas Severine S. não compreenderá então verdadeiramente seu alcance – quando uma inspetora pronunciar, em uma injunção institucional, essas palavras que vão coincidir com o desejo de Severine S.: "Deve-se tornar o alemão amável".

É no trabalho clínico, pelo qual vai se reativar e elaborar a cena vivida, que Severine S. terá verdadeiramente acesso a essa palavra significante para ela. Tratava-se de tornar-se digna de amar os alemães e sua língua. O júbilo manifestado ao ouvir essa palavra, que ela assume como sua e que a consolida em sua identidade de docente, pode ser compreendido como o prazer da conciliação entre injunção institucional e desejo inconsciente. É possível, com efeito, afirmar que os momentos de grande satisfação profissional estão ligados a essa sensação de coincidência entre os desejos inconscientes que comandam a eleição dos objetos investidos e a expectativa institucional que condiciona o reconhecimento social. Para Severine S., vimos que esse reconhecimento social permanecia muito problemático, sobrecarregado, como se achava, de ameaça de destruição ligada ao traumatismo do extermínio de seus ascendentes.

Segundo o termo da clivagem, Severine S. vai deslocar a negatividade, que o objeto investido carrega, para uma outra cena. É com professores de Matemática que vai desenrolar-se o drama. Pode-se pensar que essa disciplina se encontrou imaginariamente bem situada para cristalizar a destrutividade. Deve-se recordar, com efeito, que Severine S., no momento em que constata essa aptidão para línguas e seu sucesso escolar, inclusive em Matemática, nos previne que ali se aloja uma intriga, em sua impossibilidade de servir-se de um transferidor. Significante chave que, por sua condensação, indica que aí se trata ao mesmo tempo de uma matéria para a qual podem se transportar elementos tomados de outros lugares, mas que conota também a denúncia. A cena interna/externa se desenrola em dois tempos. São-nos apresentados dois mestres. Duas figuras, como dissemos, uma portadora da perseguição e do fracasso; a outra, da serenidade e do sucesso. Pela aprendizagem da língua, que lhe permite um trabalho de simbolização, torna-se possível para Severine S. uma reconciliação, mas a destruição permanece em seu corpo.

A primeira figura diz respeito àquela professora que, por suas atitudes, suas humilhações, sua severidade, se oferece à projeção. O que aparece novamente, o que leva de novo Severine S. à cena vivida, são espectros. Assistimos a uma humilhação traumática, ativa, no mundo interno da jovem estudante: seus olhos "muito, muito azuis, que fixam e metem muito, muito medo" parecem fazer presente o alemão destruidor, face de sombra, face oculta do alemão amável que volta como um retorno do denegado e ameaça duplicar a desonra da família. Essa atualização na cena escolar de uma figura transgeracional da perseguição fragiliza Severine S., que passa por um episódio anoréxico, o qual ela associa à situação por ela qualificada como "traumatizante", depois de ter "pegado a gripe" que, já o vimos, atravessou sua infância como perigo mortal. A carga emocional se colocou assim nessa professora, portadora de uma representação à parte, e que irrompeu sob a forma de sintoma. O que se atualizou na relação pedagógica, não são lembranças, mas a presença em Severine S. de conteúdos psíquicos incorporados, que não tinham encontrado um espaço para a elaboração. Assim, debate-se Severine S. com um conflito intrapsíquico entre exigências contraditórias, às quais responde pela construção dessas duas imagens clivadas do alemão.

Mas a jovem, haurindo força em seus recursos, encontra a capacidade de investir novamente e reencontrar suas capacidades em Matemática, graças a uma segunda figura. Uma professora, que nos é apresentada também por seus olhos "de duas cores, um azul e o outro castanho", a respeito dos quais se pode sugerir que simbolizam a ambivalência e atestam o trabalho psíquico efetuado por Severine S. através da dramatização de seu conflito.

Quanto aos exames: o diploma, o bacharelado e, depois, os concursos são percebidos como momentos de exacerbação do conflito. Parece que o desafio do sucesso, representado por essas passagens, põe a questão da própria natureza desse sucesso e da relação ambivalente que a jovem mantém com as injunções parentais e escolares internalizadas. Momentos de pânico em que, cinco minutos antes do fim da prova para obter o diploma, Severine S. rabisca toda a página, repetindo o desenho rabiscado por sua instrutora, pela qual havia se sentido anulada em seu ato criativo. Não será melhor apagar-se do que encarar o conflito de ter de assumir um sucesso portador de vida ou de morte? A situação fica ainda mais complicada com o fracasso na prova de aptidão profissional, vivenciado com "extremo sofrimento" e que marca para Severine S. sua própria "sentença de morte".

Pelo que se vê, o sucesso nos estudos expõe a jovem a uma crispação entre o fracasso, que marca sua sentença de morte, e o sucesso, que marca a de seus pais. Pode-se compreender o medo da gripe, que circula entre Severine S. e seus pais, como a presença de um agressor oculto que não permite a nenhum deles proteger-se de suas próprias forças negativas. A agressividade dos pais, através da pressão exercida sobre Severine S. com seu medo da doença, volta-se contra ela, portadora dessa agressão, quando faz a opção pela língua alemã. Associando a gripe que ela "pega" ao episódio de anorexia, Severine S. deixa ver que aquilo que ela pega no corpo é justamente da ordem da destrutividade. A anorexia ganha o sentido de um retorno pelo sintoma de conteúdos denegados, que emergiram na presença quase onírica, como um pesadelo, do ariano perseguidor na professora de Matemática. Severine S. vai enfrentar esse conflito, optando por sua própria conservação até a agregação, que representa uma barreira intransponível, conservando em si a convicção do risco sofrido por seus pais com seus sucessos e marcando assim o lugar do compromisso.

Ser-lhe-á possível, por outro lado, assumir a escolha de se orientar para o magistério de alemão graças ao apoio de uma professora de Filosofia que se constitui como a escora a partir da qual a passagem se torna possível. Não é tanto efetivamente por seus argumentos racionais que a professora convence Severine S., como o crê a jovem, e sim pelo lugar que ela ocupa no forte laço afetivo que faz Severine S. desejar ser sua filha. Ser filha da professora é imaginar mudar de pais e aliviar-se do peso da história. Idealizar a professora no lugar dos progenitores permite a Severine S. evitar o doloroso conflito de sua ambivalência a respeito deles e equipar-se defensivamente para encarar a situação da escolha de sua orientação.

A situação profissional é caracterizada, num primeiro tempo, por superlativos, "Era maravilhoso". Mas, ao mesmo tempo, Severine S. se vê habitada por uma tensão: "Devo melhorar sempre", como se a sucessão de bons resultados não acalmasse a ansiedade da jovem diante de uma inquietante estranheza. Inquietação cujos conteúdos vão se revelar na situação conflituosa encontrada com seus alunos. O que vem à tona, ao se retomar a experiência em situação de análise, é o desconhecimento de Severine S. referente a sua própria heterogeneidade, esses conteúdos internalizados cuja ignorância dava, no primeiro período de exercício da profissão, a sensação à professora de não existir problema. Mas a denegação tem como consequência um retorno aos atos por projeção de seus conteúdos. No trabalho clínico, Severine S. vai associar a cruz que aplica a seus alunos à estrela amarela, e, nessa cadeia de significantes, tomará igualmente lugar a ardósia amarrada ao pescoço de uma de suas colegas de classe, cena humilhante que tanto a impressionara quando criança.

Mundo interno e modalidades de exercício da profissão

Remontando ao princípio de suas experiências e recapitulando-as em um processo de elaboração, destacam-se novas significações que têm a ver com as relações entre a história subjetiva de Severine S. e sua presença nas modalidades efetivas do exercício da profissão. O desafio, como se vê, é poder tolerar no interior de si mesma forças contrárias como conjunto dinâmico, forças que se temia não poder conter.

Na cena vivida com os alunos, Severine S. é superada. A clivagem efetuada até aí, entre de um lado os alunos e a professora em um todo fundido maravilhoso e do outro a professora perseguidora, não impediu que as duas partes se encontrassem face a face, com os alunos atacando em Severine S. a professora perseguidora. O que provoca a perturbação de Severine S. é descobrir que ela se faz a aliada de uma submissão a uma ordem qualificada por ela de absurda, mas da qual ela vai reconhecer, ao elaborar agora essa experiência passada, o uso impiedoso que dela está fazendo. Severine S. se descobriu confrontada com aquela parte de si mesma tomada na reprodução do objeto perseguidor não elaborado. Assim, os conteúdos reprovados e desconhecidos (a agressividade, a violência de si mesma e do outro denegada) que, quando ela era aluna, assumiam a forma do sintoma, voltam aqui sob a forma de um comportamento docente, o exercício de uma autoridade baseada sobre o arbítrio da posição social e da coerção.

A experiência atravessada pela reatualização de construções afetivas, e sua elaboração dentro de um espaço previsto para esse efeito, permitiu à professora abordar certos conteúdos de sua realidade psíquica, implicados no modo como ela trata as situações.

Severine S., em um primeiro tempo, teve a surpresa de se achar, através de sua prática, identificada com as professoras impiedosas de sua escolaridade. Mas, estimulada a desempenhar um papel ativo na elaboração de seus conflitos, ela se dá conta de que não é só o comportamento de oposição dos alunos o responsável por seu mal-estar, mas o espelho que tendencia sua submissão à norma da instituição, que a força a fazer um uso punitivo absurdo da avaliação, contrário a seus objetivos e a seus valores. Através de seu relato, Severine S. dramatiza aquilo que se realizou, para ela, na relação com seus próprios mestres, sem que os protagonistas o soubessem.

O trabalho de elaboração da experiência em um espaço clínico permitiu à professora, sofrendo por não poder achar uma saída para os conflitos que vivia nas aulas, restituir sua importância à dimensão psíquica de seu mal-estar e tratá-lo de outra maneira ao se colocar exclusivamente no plano dos atos cujos resultados continuavam sendo desencorajadores.

Reexaminar a clivagem que presidia a construção subjetiva de seu mundo interno escolar, ligado ao universo interior familial, permitiu a Severine S. diferenciar seus afetos e progredir na tolerância da ambivalência de seus sentimentos.

O mundo interno de Severine S., onde partes clivadas se excluíam umas às outras, e que produzia uma excessiva ansiedade, perdeu sua força em benefício de uma melhor integração. Exprimindo-se sobre o trabalho psíquico que ela pôde efetuar no espaço clínico, Severine S. expressa seu sentimento de estar passando por uma virada em sua vida e se acha beneficiada por sentir maior confiança em si.

"Ouso tomar parte em debates, surpreendendo a mim mesma. Fui visitar campos de concentração nas últimas férias. Discuti com antigos deportados de Auschwitz e agora levo grupos de alunos para visitar esses campos."

Essa visita aos campos de concentração, que ela faz com seus alunos, pode ser compreendida como a possibilidade encontrada, para Severine S., de não só tornar o alemão amável, mas de se confrontar também com o ser destruidor que, até ali, denegado, a impedia de assumir a ambivalência de seus sentimentos e assim tratar a conflituosidade que surgia em suas classes.

A criança no adulto, o aluno no mestre

Fazer emergir uma palavra inédita

Nessas palavras, que foram ditas na infância e na adolescência e que são repetidas, relatadas, algumas não cessam de prender e imobilizar o sujeito em torno delas, palavras de professores e de pais. Trata-se, como se pôde ver, para Severine S., de palavras enunciadas como um destino ora funesto ora alvissareiro. Essas palavras, pronunciadas pelos pais ou pelos mestres, têm a eficácia de forçar o sujeito que designam e que é seu portador; eficácia para realizar o destino enunciado ou coerção à qual o sujeito é obrigado a subtrair-se ao preço em geral de um custo psíquico importante. Ora, não basta que esse voto, essa palavra que foi ouvida, seja retomado simplesmente pelo sujeito, para que se desembarace dele, mas que seja de novo ouvido por ele com o peso de sua coerção dentro dele. Com efeito, efetua-se uma libertação quando essa palavra é atualizada, no espaço clínico, e quando, ouvida de novo, ela faz sentido para aquele que era seu depositário e que a retoma por sua conta como fazendo parte dele. Viu-se, com Severine S., o quanto certas palavras de mestres tinham um poder de sujeição e impunham sua destinatária às formas do cumprimento. Palavras que se combinavam com as dos pais, dando todo o seu peso ao destino. Mas também se viu que o docente pode ser a pessoa pela qual se cancelava essa sujeição, quando sua palavra vinha tocar certos conteúdos imobilizados.

No mal-estar experimentado pelos professores, observamos que certas palavras ou comportamentos de seus atuais alunos entram em colisão com outras palavras dentro deles, injunções vividas como ameaçadoras pelo progenitor ou pelo mestre quando era criança, aluno. Palavras pronunciadas, que se constituíram para o sujeito como deixando-lhe pouca possibilidade de atuação e destinando-o a ser o que é, sem grande margem de manobra.

É possível, a partir de então, perguntar se o impacto daquilo que os alunos atuais estão dizendo não se deveria ao fato de que essas palavras se apresentam aptas a ocuparem um espaço à espera de ocupação no docente. O peso fatídico da palavra parece, com efeito, dever-se ao fato de que ela vem confirmar uma palavra já incorporada do progenitor ou do mestre na criança que ele era, mas sobretudo em sua trama complexa de tecelagem, que ele fez entre o mundo da família e o da escola.

O outro em si

Quando se escolhe fazer os professores trabalharem sobre sua história escolar, favorece-se um regresso reflexivo sobre o aluno que ele foi, e solicitamos que façam a criança falar no adulto. Deve-se distinguir essa criança, que convocamos pelo relato, do infantil, imagem enternecida de si quando pequenino que se trataria de reencontrar. Deve-se escutá-lo como "aquela fonte viva no presente nunca seca" (Pontalis, 1997), que Freud denomina o infantil e que implica admitir no adulto a existência de uma vida psíquica que escapa às lembranças de infância, mas permanece ativa. A emergência desse ocupante originário, que vive sua vida no adulto, sem que este o saiba, é favorecida pelo espaço clínico e pela relação que instaura.

O professor efetua um trabalho de figurabilidade, deixando surgir imagens e palavras onde nunca as pusera. Põe-se então a ouvir de novo e de outro modo o que acreditara ter ouvido outrora de uma certa maneira, como também investe uma nova capacidade de pensar sua história. Já não se trata só, para ele, de aliviar seu sofrimento, mas de compreendê-lo e transformá-lo em objeto de descobrimento.

Através de seus relatos, os docentes revelam a economia afetiva interna de sua família e a natureza das relações entre seus membros. Deixam ver sua fidelidade ao grupo familial e social, mas igualmente as tensões que organizam a problemática da ordem familial: crenças, conflitos, tensões, gozos e interditos se inscreveram em uma memória interior enunciada a partir de si através dos acontecimentos relatados e de uma tonalidade de impressões, de emoções e afetos. Os relatos permitem uma visualização de si em sua vida de criança e de adolescente, e lhe dão atualidade. O que se visita, então, são os laços complexos, tecidos entre o mundo da família e o mundo da escola, choques ou coincidências entre cultura familiar e cultura escolar. Esses laços são recolocados ao mesmo tempo em um contexto socioeconômico, que impõe suas restrições e suas arbitragens, e ligados de novo aos acontecimentos da história nacional ou internacional, que participa da construção das identidades. Experiência afetiva pessoal e experiência coletiva se acham assim mescladas, esboçando os contornos particulares de uma história escolar e profissional.

A história de cada um se deixa escutar como história dos avatares das identificações e dos investimentos, entre pertença e desafeto, saudade e amargura, fidelidade e traição. Nos relatos ressoam vozes diferentes, revelando a ambivalência dos sentimentos, a tensão nas pertenças. A travessia dos itinerários escolares e profissionais nos indica de que modo o sujeito se prende aos diversos lugares. As oposições, as idas e vindas estão sempre em ação e não acham uma direção definitiva. Tentamos abordar, na interioridade, essa realidade móvel que dá sentido e consistência ao sujeito. Interioridade que se forjou e se forma através dos caminhos tomados pela construção da realidade psíquica em conexão com significantes familiares e com significações sociais da Escola. Normas não cessam de se influenciarem reciprocamente em um jogo complexo que não se reduz a uma separação da família pela Escola, mas procede mais de um movimento de oscilação entre oposições e correspondências, entre conflituosidade interna e contradições externas, tais como são internalizadas.

O modelo da Escola republicana repousa em parte sobre um imaginário que coloca uma criança abstrata no lugar da criança histórica e socialmente radicada, à qual se subtraiu aquilo que faz a sua particularidade. Essa abstração do sujeito (um sujeito abstrato e um sujeito que se abstrai), como condição da aculturação, fundamento o sistema educativo sobre a imperiosa solicitação de desprender-se de um mundo para a promessa de um outro (a sociedade contra a família). A travessia dos itinerários escolares oferece uma clarificação sobre os processos efetivos dessa aculturação na construção do professor que não se reduz a esse corte.

Os conteúdos que foram o objeto de uma elaboração e parecem ter um valor transformador, nas relações mantidas pelo docente com os alunos em sala de aula, foram aqueles que tocavam precisamente essa imagem interna do aluno, nele recoberta por processos de idealização.

Os professores se sentem beneficiados quando experimentam e compreendem que a idealização que tinham feito do aluno ou a supervalorização de sua posição acarretavam a decepção e o desânimo. Tais processos podiam ser, em parte, reconhecidos e enunciados no discurso consciente, mas essa lucidez não modificava em nada as dificuldades. O operante é a capacidade de compreender, em um momento dado, aquilo que permanecia enigmático no que se dava como compreensível e evidente. Ora, essa enigmática tem a ver com o registro da alteridade, permanecendo o outro por demais desconhecido, submetido à coerção da repetição e regularmente reativado pelas situações de sala de aula.

Sair de uma temporalidade linear

Quanto à questão do tempo escolar, já frisei em meus trabalhos anteriores que a escolaridade se desenrolava em uma história do desenvolvimento, mas que sua temporalidade efetiva, a história que a faz ser, se inscrevia em um tempo processual. A temporalidade psíquica não se confunde com a temporalidade factual. Não existe nela uma coisa que desaparece para dar lugar a outra coisa que lhe sucederia e marcaria o triunfo de um progresso. O que há é o jogo conturbado do avanço e do recuo em seu duplo movimento reconduzido. Ora, a Escola, como conjunto de significações instituídas, configura o tempo para assegurar suas transmissões em uma denegação da história dos arranjos entre uma realidade psíquica e inscrições familiais e sociais. Empenhada em inventar cronologias, que ela dificilmente respeita, sofre para integrar ritmos desconexos, idas e vindas, dinâmicas progressivas e regressivas que obstaculizam sua linearidade.

Os professores tomaram tempo para reexaminar esse itinerário escolar que constituiu seu mundo afetivo e cognitivo enquanto alunos. Tiveram acesso aos tempos que haviam permanecido justapostos dentro deles e se aproximaram, entrando em contato com o tempo cronológico, de uma rede complexa de interações entre diferentes aspectos deles mesmos em diferentes momentos de suas vidas. E aí as temporalidades psíquicas se mostraram mais complexas. Sentiram, através da insistência dos cenários imaginários e da persistência das figuras, que o tempo que sucedia a um outro não o substituía, se misturava estreitamente a ele, sem o fazer desaparecer. Espantaram-se constatando que a vida psíquica não obedecia à cronologia do tempo escolar, um tempo considerado por etapas sucessivas. Ao visitarem a criança e o adolescente que foram, fizeram subir de novo à tona essas temporalidades nas quais simultaneidade, superposição, combinação do arcaico e do novo compuseram e recompuseram sua identidade de adulto.

Esse confrontar-se com uma heterogeneidade ignorada os habilita a centrar-se menos em torno do lado factual do cotidiano e a tomar distância, nessa nova aptidão que descobrem, a considerar cada um, mestre e aluno, em sua própria história (coisa que se há de diferenciar de uma centração em torno da história dos alunos), e as situações na complexidade de uma rede de significações. Integrando melhor sua história interior, os docentes se abrem a uma temporalidade mais complexa que a dos prazos marcados, dos exames ou das passagens de classe. O próprio dispositivo, caracterizado por reagrupamentos regulares, mas espaçados ao longo de três anos, foi um lugar de conscientização de uma continuidade processual. Cada um se viu prosseguindo no tempo de reencontrar o trabalho iniciado em comum, no qual se imobilizam suas posições.

A desidealização de um sujeito dessubjetivado

A elucidação de seu modo de ser com os alunos, ligada à história afetiva e social de cada um, levou os professores a renovarem suas respostas, porque lhes permitiu libertar-se, em parte, de repetições alienantes e das repercussões destas últimas sobre o tratamento que davam às dificuldades encontradas em sala de aula.

A elucidação lhes permitiu igualmente sair da confusão dos registros e das acusações contra os alunos por conflitos ou carências que não têm a ver com eles, ou que entram em ressonância demasiado forte com sua própria conflituosidade ou desqualificação, pouco conscientizada ou ignorada.

Penetrar nas dificuldades profissionais através de histórias escolares permitiu fazer melhor a partilha entre o que se deve à lógica própria da instituição, e exige modos de tratamento adaptados, e aquilo que se apresenta como propriamente repetição de uma problemática pessoal, utilizando os conteúdos que a realidade da instituição inevitavelmente lhe apresenta. O trabalho de subjetivação, que se opera, restitui mobilidade a uma construção identitária profissional que não constitui mais, nos dias de hoje, um escoramento interno suficiente para sustentar a atividade docente. Abre para a capacidade de suportar melhor a existência de relações provisórias, abertas, reconduzidas entre identidade subjetiva, atividade profissional e pertença institucional.

O que dá sentido é também a experiência comum, na qual os professores se engajam juntos, implicados em relações recíprocas, no descobrimento daquilo que, em sua história singular, provém de processos e de significações comuns, traçando os contornos de uma identidade singular, mas também coletiva. História comum, que não é o resultado da produção de um discurso de verdade, mas construção de significações, a partir de uma elaboração individual e compartilhada.

Ao aceitar aventurar-se em seu passado, para visitar interiormente os conteúdos de seu mal-estar, o professor se liberta de uma consciência apegada à convicção da transparência. Posto face a face com sua conflituosidade interna, diante de conteúdos enigmáticos, dentro de si mesmo, ele sai de uma expectativa ansiosa de um mundo escolar pacificado e se vê capaz de atuar para a instauração de um laço que dê ao conflito o meio de exprimir-se, como também se vê encontrando modalidades que permitam seu tratamento.

Como puderam reconstituir aquilo que para eles fora difícil em sua vivência escolar, os professores se descobriram mais aptos para tolerar a negatividade e para deixar um espaço à rejeição e às modalidades defensivas dos alunos, menos forçados a se subtraírem à contradição e a evitarem o conflito. Hoje eles se sentem mais em presença do peso que a realidade psíquica lhes impõe, sua própria conflituosidade em torno da apreensão da realidade exterior. Descobrem igualmente que sua experiência pessoal só existe sobre um fundo interpessoal ou intersubjetivo do encontro com um outro e com outros, sujeitos como eles de uma história.

Tendo experimentado as contradições que os constituem, seus esforços se voltam não tanto para neutralizar o mundo escolar, mas para tratar das questões que esse mundo lhes apresenta no dia a dia.

Encontrar movimento entre si e o outro

O mal-estar dos professores se deve, já o dissemos, a uma dramatização particular do conflito que reforça a dificuldade de encarar a heterogeneidade.

O que se percebe é que a pluralidade dos alunos devido a seu número, a modos de ser, a diferenças sociais e culturais, a seu relacionamento, cada vez mais singular, com a escola, com o saber, com a qualidade de seu investimento, com a relação mantida com o professor e com o grupo classe – todas essas diferenças, o professor deve encarar e tem de constituí-las como um conjunto ao qual dirigir sua palavra de mestre – em parte se oferecem como a exteriorização de uma cena interna. Cena interna das instâncias psíquicas em conflito, que se encontrará ativada pela heterogeneidade externa do grupo classe. Alguns docentes poderão suportar essa heterogeneidade em função de sua capacidade integradora de forma a conter essas forças divergentes, mesmo que sejam duras de suportar. Mais numerosos são aqueles para os quais a emergência excessiva do pulsional nos alunos se apresenta como espelho dos movimentos com os quais se debatem, eles mesmos, sem o saberem, expondo-os a um mundo interior que a construção do ideal não protege mais. Suportando com dificuldade experimentar interiormente esses movimentos divergentes, sentem-se esquartejados e receiam ser dominados por forças que atacam suas possibilidades de controlar situações. Para se protegerem desse medo, os professores costumam recorrer à clivagem, que toma a forma de dois comportamentos opostos, que se remetem um ao outro: ou tudo confundir para não mais ver as diferenças, ou clivar e eliminar, por projeção, o que incomoda. "Carência da pulsionalidade", que "esteriliza o pensamento esvaziado de parceiro" ou "invasão" que "não deixa mais suficientemente em jogo à organização representativa" (Avron, 1997), levando a essa sideração imaginária que deixa os professores tão pouco municiados para pensarem as situações que eles vivem. Essas tentativas inconscientes, para evitar a conflituosidade interna, encontram seu prolongamento em posições tomadas contra os alunos que se oferecem como suporte projetivo para uma regulação dos conflitos interiores que provocaram. A confusão dos sentimentos leva o professor a comportamentos dominadores. E a expulsão para fora dele, no aluno, de suas partes clivadas se transforma em decisão de expulsar o aluno para fora da sala de aula ou até da escola.

Por outro lado, quando restringem suas representações a uma realidade objetivada, o conflito lhes parece simples, porém insolúvel. Simples por ser reduzido a causalidades externas evidentes. Insolúvel porque tais causalidades evidentes em nada abalam sua impotência ou a sensação de viverem situações intoleráveis. Pelo contrário, quando integram o registro da realidade psíquica e se acham capacitados a explorarem os conteúdos de seu mundo interior, o conflito se lhes configura como complexo, mas elaborável.

"É muito mais complicado do que eu acreditava – exprime um professor – , mas, que bizarro, encontro prazer na obra."

Um acesso compreensivo aos jogos de reciprocidade

A questão do mal-estar identitário dos professores é abordada por histórias cada vez individuais, mas esses percursos singulares esboçam igualmente a trama de uma memória coletiva viva no jogo das ressonâncias e das correspondências.

No grupo, o professor efetuou um trabalho de elaboração sobre o outro dentro de si mesmo, desconhecido, mas aproximou-se igualmente desse outro a seu lado, confrontado, ele também, com seu próprio enigma: encontro com a parte ignorada do outro em ressonância com sua própria ignorância. A realidade externa continuou a mesma, mas lida e habitada de outro modo a partir desse confronto inédito com uma alteridade intrassubjetiva, mas também intersubjetiva.

Ao longo dos anos, o grupo, fiador dos mundos construídos de cada um, faz a experiência de ser habitado e estimulado pelas palavras, significantes, imagens dos outros que trazem para ele novos pedaços de histórias.

Uma dimensão essencial do trabalho em que se empenharam foi reconstituir, em um grupo, laços, uma história, tentar resgatar aquilo que constituía verdade para si através das lendas familiares e escolares, dos não ditos, do não pensado. Empenhados em um empreendimento de alguns anos, os docentes reexaminaram as mensagens contraditórias e a violência experimentada na palavra dos pais ou dos mestres, puderam restabelecer diferenças entre diversos protagonistas, cuja assimilação, feita no interior de si mesmos, pesava demasiadamente sobre eles. Identificaram significantes comuns e a função inclusiva e coesiva em suas pertenças ao corpo docente.

Tecer uma memória do tempo presente

A solicitação para interrogar o mal-estar experimentado, o encorajamento à emergência associativa, não se inscreve em primeiro lugar na lógica de um progresso do conhecimento especulativo. Associação, interpretação e análise são movimentos conjuntos que significam a dupla presença de um sujeito desejante e de um sujeito pensante que interferem.

Na crise ou no mal-estar, entre a força emocional e pulsional e o julgamento da consciência, já não há lugar para encontrar uma palavra que responda à ameaça vivida. A réplica interior não acha palavra, e, para que seja assegurada a passagem e mantida a coerência do laço, os profissionais tendem a recorrer às representações dominantes, aos conteúdos ideológicos mediatizados, prontos para mobilizar preconceitos e colocar em cena efeitos dramáticos. Assim, os discursos sobre a violência na escola se apresentam como puro reflexo da realidade, enquanto traduzem, na maioria das vezes, os conteúdos de um sofrimento ligado às perturbações do laço intersubjetivo.

O dispositivo clínico foi submetido à prova do laço. Mas o que é que os professores abordaram nessa experiência? Que o trabalho de ligação não se efetuava só pela aquisição de um saber (alteridade do mundo), mas procedia primeiramente de uma economia psíquica informada pela dinâmica ao mesmo tempo pulsional, afetiva e representativa (alteridade de si). Os professores descobrem, com efeito, que o sujeito é sujeito que investe antes de ser o sujeito que sabe; que, através de seus investimentos, procuram uma gratificação de seu ser segundo uma caminhada que não tem forçosamente a ver com aquela do saber. O que é igualmente esclarecido é que o conhecimento do outro, que se constitui como mediação para a cultura, não se faz sob o olhar de um grande Outro presente desde o início ou de uma autoridade, mas na concretude de uma história própria, por patamares sucessivos de um emaranhado de afetos e conteúdos culturais ligados aos desafios do laço intersubjetivo: o engajamento em uma relação com o outro é que leva à formação progressiva de um sujeito cognitivo e afetivo e administra a possibilidade de um trabalho de aculturação.

O relacionamento dos imaginários e dos afetos associados, em uma palavra dirigida, introduz a uma presença a si que despoja o relato daquela exterioridade que lhe mascarava os desafios, abala a suposta evidência de uma subjetividade puramente reflexiva. Empenhar-se em um trabalho de subjetivação com profissionais, em lugares que colocam no centro do dispositivo os desafios das dinâmicas ao mesmo tempo subjetivas, intersubjetivas e sociais da transmissão, pode favorecer a apropriação de uma história coletiva, pois quando a vida ganha sentido com outros, ela pode constituir uma memória partilhável. Quando o docente descobre que ele não é apenas algo contingente a serviço da transmissão de um pensamento herdado, cujo desvio deplora, mas é ativo na responsabilização do aluno no processo de aprendizagem, os processos de simbolização ganham vida. Como a simbolização implica a dimensão social que deixa lugar para um mundo aberto a novas significações, o desafio social atual é sustentar essa passagem entre o vazio, como desinvestimento ou invasão de significações imaginárias saturadas, e um possível espaço para a formação de novas figurações. A microssocialidade, representada pela instância grupal, constitui uma via possível, uma ponte, para reencontrar a espessura do laço entre indivíduo e sociedade, particularmente fragilizado pelas mutações contemporâneas.

Capítulo 7

Um dispositivo de aprendizagem pela experiência relacional

Anne-Marie Blanchard, Michelle Claquin, Martine Pichon, Joseph Villier

Um processo de apropriação subjetiva

Associação cujo objeto de estudos e de pesquisas se refere aos grupos e particularmente às instituições, o CEFFRAP oferece às instituições que o procuram uma possibilidade de intervenção, visando ajudá-las a elaborar os conflitos e as crises que as atravessam e que geram sofrimentos em seus membros. Visando aprofundar essas problemáticas, o CEFFRAP sugeriu um colóquio e solicitou a seus membros que dele participassem, cada um segundo suas disposições e suas disponibilidades. Estes se viram, portanto, colocados no coração de uma experiência relacional do tipo oferta/procura.

Neste capítulo, pretenderíamos mostrar de que modo respondemos a esse pedido, analisando nossas próprias reações, as representações e os afetos que tivemos de reconhecer e elaborar, para nos tornarmos disponíveis e darmos prosseguimento ao trabalho que nos fora solicitado. Em suma, é a história desse trabalho, em seus componentes individuais, interrelacionais, intersubjetivos e grupais, que estamos revisitando posteriormente. Seu interesse é anotar que a complexidade do processo posto em andamento existe desde a origem e prossegue em uma série de etapas interdependentes, atingidas não sem desvios, retomadas e modificadas. Essas experiências relacionais parciais são os primeiros passos de uma aprendizagem. Poder-se-á também identificar aí a presença de uma violência antecipatória ao fundamento de toda intervenção que venha questionar a outrem, indivíduo ou grupo.

Desde o início, portanto, prestamos atenção ao que essa experiência mobilizou em cada um de nós e no seio de nosso grupo. Fazer referência aos processos grupais que se desenrolam em nossa própria associação, paralelamente àqueles que observamos nos grupos em que intervimos, é uma posição que nos é familiar.

O projeto de colóquio suscitou vivas emoções, obrigando cada um a tomar partido, a favor ou contra, o que redundava em uma reavaliação de seu investimento concernente ao CEFFRAP, de seu lugar e das capacidades que lhe são reconhecidas, e que ele mesmo reconhece quanto a si. Cada um se vê solicitado em sua identidade, suas identificações grupais e pessoais. Responder positivamente ao projeto é reconhecer, identificar nosso grupo de pertença, é também ser reconhecido, identificado por ele. Esse jogo recíproco não pode não suscitar desejos, receios, ou até medidas defensivas e estratégias para trabalhar nas melhores condições possíveis.

Uma primeira reação, depois que se avaliaram os desafios, particularmente identificatórios, será apoiar-se em cima das experiências anteriores de prazer que resultaram em realizações consideradas como bem-sucedidas. Estamos habituados a trabalhar em equipe, particularmente em dupla, quando propomos grupos ditos de formação, de onde a ideia de uma oficina coanimada por um pequeno grupo, grupo que compartilhou outras experiências, favorecendo os intercâmbios e um trabalho comum. Assim a experiência oferta/procura ganha mais força, se libidinaliza, se desintoxica também.

Para quatro dentre nós (A.-M. Blanchard, M. Claquin, M. Pichon e J. Villier), esboça-se um projeto de oficina, orientado pela ideia de fazer os eventuais participantes do colóquio viverem uma experiência, através de uma encenação que permitiria "aprender pela experiência relacional".

Essa procura do grupo originário é também uma oferta: nós quatro decidimos responder a ela com um sim participativo. E essa resposta-oferta é ao mesmo tempo um pedido ao CEFFRAP para que aceite uma oficina, cujas modalidades propostas não são habituais. Essas colocações em perspectiva abriram um campo de trabalho, e oferta e procura se viram então pouco a pouco transformadas e apropriadas por uma elaboração de nossos desejos e de nossos temores, passando de uma certa passividade, de uma certa submissão ao desejo de nosso grupo, a uma apropriação pessoal e grupal muito mobilizadora, escorada em uma ideia relativamente original neste contexto.

Essa apropriação não teria se tornado realizável se, depois de um reconhecimento mútuo do grupo inteiro e de nosso pequeno grupo, este último não se houvesse desligado suficientemente do primeiro, para analisar as repercussões da procura em seu seio, particularmente no que tange à ambivalência. Essa necessária autonomização é que vai permitir que a procura seja atualizada e possa ser representada para se tornar apropriável. O processo de apropriação subjetiva, e/ou intersubjetiva, supõe efetivamente que os potenciais conteúdos psíquicos sejam postos no presente da experiência, e depois simbolizados e integrados. Assim se modera aquilo que, na procura inicial, poderia ser sentido como potencialmente estranho e constrangedor.

Lançamo-nos à tarefa da elaboração de um conteúdo e conjuntamente nos pusemos a elaborar nossas relações intersubjetivas, sucessivamente. Essas duas colocações em perspectiva diferenciada articulam-se e se interpenetram, o que gera um aumento de complexidade, mas por outro lado aumenta o prazer do trabalho em comum. Mais ainda, essa conjunção dos dois planos, pensamentos e subjetividades, é propícia à instauração de uma matriz, que nos contém e virtualmente contém, de certo modo de antemão, o grupo dos participantes. Pudemos constatar que ela é portadora de um potencial de criatividade. Esta se atualiza no seio mesmo de nosso grupo, caracterizando a maior parte de nossos intercâmbios. Pensamos tê-la percebido também no decurso da oficina, particularmente na facilidade com a qual os participantes apreenderam e elaboraram o espaço psíquico instalado a partir do enunciado de nossas diretrizes. A esse respeito R. Kaës tem a seguinte fórmula: "o espaço psíquico comum e partilhado", mas nem a colocação em comum, nem a partilha são algo evidente, e de toda maneira ganham precisão conforme modalidades cada vez mais específicas.

A concretização dessa dupla perspectiva conjunta não nasceu do acaso. Ela provém daquilo que havíamos frisado, logo de início, após a formação de nosso grupo, sobre a importância dos conceitos de transferência, contratransferência e intertransferência. Transpusemos essas noções para nossa situação, dominada pela grupalidade, enquanto mantínhamos paralelamente nosso investimento da oficina futura, enquanto objeto comum que orientasse preferencialmente o sentido de nosso grupo ao trabalho. A internalização em cada um de nós desse projeto comum significa que a oficina está em andamento.

Oferta e procura

A atenção voltada para os efeitos, sobre nosso grupo e em cada um de nós, da questão da oferta e da procura, orientou nossas trocas de ideias sobre a indissociabilidade e a conjunção dialeticamente articulada das duas partes de um mesmo processo. Aquele que oferece não está menos à procura do que aquele que procura. Com efeito, o primeiro não pode pensar sua oferta a não ser em função de um potencial procurador que reconhecerá essa oferta e, assim, fundamentará sua legitimidade. Os dois protagonistas são parte interessada de uma situação intersubjetiva, em cujo seio estão ocupando posições diferentes, mas interdependentes.

Quando uma instituição vai à procura de um interveniente exterior, o CEFFRAP, por exemplo, é concretamente solicitado, porque aquele que o procura tem o conhecimento imaginário do objeto de desejo daquele ao qual se dirige. A procura põe aquele que procura no papel do objeto de desejo do ofertante, e este no papel de sujeito que deseja. É o aspecto inconsciente da relação que aí se estabelece, enquanto o aspecto consciente é traduzido pela formulação concreta da procura. O encontro tem necessidade de um acordo ao mesmo tempo consciente e inconsciente entre os parceiros, uma diferenciação e, simultaneamente, um reconhecimento mútuo que gerencie o narcisismo de cada um e modere a violência implícita dessa situação que não deixa de evocar uma situação originária.

Essas reflexões nos convenceram a propor a nossos futuros participantes uma oficina, visando favorecer a participação ativa, ao deixar-lhes o maior espaço possível de liberdade de iniciativa no interior de uma situação de oferta/procura anunciada, logo no início, como uma simulação.

O termo simulação constituiu a princípio um problema para nós, pelo fato de sua conotação pejorativa: mentira, falsidade, dissimulação. Mas nós o utilizamos em um contexto específico: a simulação de uma situação que prescrevíamos, em que os protagonistas são convidados a "fingir com plena consciência". É como a brincadeira organizada pelas crianças: "Vamos fazer de conta que...". A simulação, como a sugerimos, gera o mesmo interesse que a brincadeira infantil quanto ao prazer obtido, prazer de improvisar em plena liberdade, prazer plural, codificado por regras combinadas. É possível esperar efeitos de mesma natureza: alívio da tensão que a novidade da situação certamente vai gerar. Por ser único e prescrito, o jogo da simulação pode ser compreendido como um instrumento de apreensão dos problemas difíceis.

Simulação não é psicodrama. Nas duas situações, trata-se de criar um espaço de representação, mas a simulação prescreve uma situação e um tema únicos. No psicodrama, a representação surge do grupo, é um elemento da progressão do trabalho em grupo. Tem uma função de auxílio para a superação de situações de bloqueios no desdobramento da cadeia associativa grupal.

Os efeitos da representação psicodramática são apreciados a longo prazo, ao passo que os da simulação são apreciados no presente.

A dimensão grupal do psicodrama está presente, seja qual for a forma que se imprima: individual, individual em grupo, de grupo. No assim chamado psicodrama individual, a dimensão grupal está ligada ao grupo constituído pelos terapeutas e ao conjunto paciente-

-terapeutas. Os protagonistas de um psicodrama têm uma vivência comum e compartilhada, coisa que não se dá na simulação, mesmo que esta se desenrole em um conjunto de grupo que é como um pano de fundo. Dentre os participantes, cada um fantasiou de antemão sobre o colóquio e sobre a oficina, sem que o dispositivo permitisse uma verdadeira apresentação comum dessas pré-elaborações. Nessa etapa de expectativa e de procura do grupo previsto, "o dispositivo grupal tem apenas um estatuto fantasmático" (Guimon, 1999).

O termo simulação, portanto, nos pareceu, depois de refletirmos, corresponder a nossa intenção de estabelecer uma distância, permitindo o ressurgir das vivências institucionais dos participantes, atualizando ao mesmo tempo uma experiência no aqui e agora. O grande espaço deixado aos participantes, o imprevisível e o incógnito dessa situação despertaram nosso interesse e nos estimularam a pesquisar. Sem dúvida estávamos assim nos aproximando da situação pressuposta dos participantes, sem no entanto estarmos em posição simétrica, pois somos nós que certamente estamos fixando o quadro e tomando as disposições favoráveis a um acordo entre eles e nós, mas estamos como eles na expectativa, na busca e na incerteza.

Nessa oficina assim antecipada prevíamos convidar os voluntários a formarem dois grupos, cada um com cinco a seis pessoas que, depois de se prepararem durante uns dez minutos, simulariam, mediante uma encenação, um pedido de intervenção. Um dos grupos (o grupo A) representaria uma instituição à procura de intervenção por parte de um organismo exterior, e o outro grupo (o grupo B) representaria este.

Nosso objetivo é reunir as condições para realizar uma situação que permita aprender pela experiência relacional e depreender, se possível, dessa experiência, um exemplo de evolução-transformação da procura, um dos pontos de partida de nossa reflexão no eixo do colóquio.

A oficina

Desenvolvimento

Dadas as diretrizes, os dois grupos A (o da procura) e B (o da intervenção) formam-se espontaneamente e muito rápido. Por indicação nossa, repartem-se em dois locais da sala para preparar, durante uns dez minutos, suas respectivas intervenções. Durante esse tempo, convidamos os outros participantes a se ligarem ao tema da oficina, o que logo fazem muito animados:

– "hesitei em assumir um papel, porque eu mesma sou interveniente, mas também vivi uma intervenção na minha instituição; estou dos dois lados, não pude me decidir a optar, e, depois, era tarde demais" – vai logo dizendo uma participante, com a aprovação de alguns que gostariam também de ter se apresentado para fazerem parte de um grupo;
– "estou interessado – dizem alguns – para ver o que é que vai ser apresentado";
– muitos têm claramente uma prática de interveniente;
– uma outra toma a palavra para evocar uma intervenção sem quadro ou finalmente a história de um fracasso em estabelecer um dispositivo suficientemente abrangente.

Alguns segundos depois da volta dos dois subgrupos, que se haviam instalado frente a frente no centro do grupo maior, uma participante do grupo A (o da procura de intervenção) toma a palavra e passa logo a efetuar, por sua forma de intervir, uma encenação. Esse grupo A se apresenta, ainda por cima, estruturado por uma distribuição prévia de papéis: uma diretora, uma psicóloga, uma pedagoga, uma enfermeira, um diretor de recursos humanos. Diretora e diretor de recursos humanos serão muito ativos na intervenção, com o diretor de recursos humanos insistindo no peso e nas restrições da realidade material, e a diretora mostrando que será necessário contar com ela. Dizem precisamente, ambos, que já tiveram intervenientes, que sabem o que é. O resto da equipe parece reduzido ao silêncio.

O grupo B parece surpreendido. Eles não se organizaram no plano formal e não distribuíram entre si os papéis. Mas duas pessoas tomam a palavra e procuram levar as partilhas para um ponto de vista reflexivo. Os outros, como no grupo A, permanecem silenciosos. Não parecem diferenciados uns dos outros. Insistem em sua obediência comum à Psicanálise. De fato, depois da representação, vão precisar que tinham imaginado serem todos jovens e debutantes. Parecem também perturbados pelas antecipações do outro grupo, antecipações que balizam as partilhas, como particularmente o fato de que estas se desenrolariam no quadro da instituição A, que procurou a intervenção: "Agradecemos por terem vindo em número tão grande" – dizem.

Encontro difícil, portanto, mas confronto ao mesmo tempo de forte intensidade. Quando paramos a cena, a partilha não conseguiu chegar a uma explicitação da intervenção que se devia organizar, mas levanta-se a questão de programar um próximo encontro.

Após a parada da encenação, a discussão assume um contorno geral, os participantes expressam interesse pelo que se passou, mas também espanto. Não esperavam por "isso", que fosse "tão fácil" se exprimir. Essa facilidade, no entanto, contrasta com aquilo que se manifestou durante a situação de simulação. Durante o debate que se seguiu, interviemos bem pouco, pois se tratava, em nossa perspectiva, de deixar a experiência se desenrolar.

Análise

Não demora muito para as considerações materiais e administrativas invadirem o terreno, e é só de modo muito furtivo que a equipe solicitadora da intervenção exprime seu sofrimento em relação à população acolhida ou ao que a pedagoga tenta se fazer ouvir. Essas preocupações são logo varridas. Convém, no entanto, sublinhar que as considerações materiais, tão insistentes, devem ser ouvidas em relação às preocupações de ordem psíquica. Com efeito, a partilha que se estabeleceu entre os dois subgrupos, sobre a questão do custo da intervenção, frisa a questão da dependência. O dinheiro não é apenas um objeto material, mas ali aparece como evocação da dívida e do contradom, que visa gerir a dependência e livrar-se dela, pois é uma quantidade que busca transformar-se em qualidade. Representa a própria intervenção e deve permitir a cada um manter um certo domínio sobre os efeitos, eventualmente perversos, da oferta e da procura; ele é como que separado de uns e dos outros, objeto intermediário, paradoxal, que pede, nas melhores circunstâncias, garantir a integridade identitária de cada um.

Diálogo:
B: "O que vocês esperam de nós?" Subentendido, já que nos pediram para vir.
A: "O que é que vocês nos propõem?" Subentendido, já que aceitaram vir.
Jogo tenso, como o dirá uma participante: "É: você me pega, eu pego você". Estabelece-se o impasse do diálogo. Por que esse impasse? A pergunta de A é como uma devolução que evita se descobrir, correr o risco de revelar uma falha qualquer, diante do intruso estranho. Isso é idêntico para B. A ordem das perguntas pode ser com efeito invertida, nem é necessário saber quem foi o primeiro a interpelar o outro. O grupo B se acha tanto na defensiva quanto o grupo A. Com efeito, nos comentários depois da simulação, B vai dizer que se sentiu como preso numa armadilha, que foi "convocado a um lugar", em suma, como um estranho.

Deve-se destacar que essa partilha foi de grande intensidade, reveladora da importância dos desafios. Pode-se pensar que os dois grupos estão inconscientemente lutando cada um por sua sobrevivência identitária. Para cada grupo, a ameaça de perder a identidade suscita em seu seio projeções imaginárias massivas que bloqueiam o trabalho do ego grupal que, por si mesmo, só pode trabalhar fragmento por fragmento, como o diz S. Freud para o trabalho do luto. Essa situação prepara a instauração do pensamento paradoxal, frequente quando ocorre a procura de intervenção institucional: "A gente quer mudar, contanto que nada mude". A fórmula pode ser aplicada à instituição que procura ajuda, e a menor falha revelada é a confissão de uma carência fundamental e leva assim a se pôr de certo modo à mercê do outro, a assumir o risco de não ser mais ele mesmo. A instituição que intervém de fora corre um risco idêntico, pois sua oferta constitui também no mesmo movimento uma procura, a narcísica, de ser reconhecida sem falha, o que é fantasmaticamente a garantia de sua capacidade exibida, podendo ser sentida como pretensão. Construções imaginárias e projeções se situam aí no campo do grandioso (Kohut, 1974).

Do ponto de vista de W.R. Bion, poder-se-ia dizer que o campo psíquico comum é ocupado preferencialmente por uma hipótese básica, aqui de dependência. Recuperar uma capacidade cooperativa, um pensamento, exige uma elaboração da hipótese básica invasora, elaboração que, no quadro dessa oficina, não pôde verdadeiramente se desenvolver, pois o tempo disponível não deixava lugar para esse trabalho de desintoxicação.

Pode-se desenvolver ainda um outro ponto de vista, que leve em conta a presença do CEFFRAP, organizador do colóquio, e concretamente representado por um grupo de quatro pessoas. Com efeito, enquanto instituição que se legitima respondendo a procuras de intervenção, ele é claramente assimilado ao grupo B no dispositivo de simulação. Mesmo que o grupo A não esteja implicado de forma tão explícita, é tomado em uma relação transferencial com o CEFFRAP. A noção de transferência contratransferência satura a situação, com baixo ruído, nessa organização, da qual cada um bem sabe de si para si que é transitória. A brevidade da experiência exacerba os afetos; está em jogo a existência de cada um dos grupos, o que tende a impedir uma expressão mais matizada dos sentimentos e das identificações. Elementos transferenciais-contratransferenciais podem ser detectados não só entre os grupos A e B, mas também entre o grupo CEFFRAP virtualmente presente (a associação CEFFRAP) e o conjunto dos participantes. Esses movimentos se tornam ainda mais sensíveis quando os percebemos como réplicas daquilo que nós mesmos já experimentamos no momento da proposta de colóquio, como o precisamos no começo deste capítulo. A desintoxicação que fizemos e o trabalho de pré-elaboração efetuado (apropriação da procura) nos levam a renunciar a toda intervenção nas partilhas, à tentação de ensinar, e nos estimulam, portanto, a deixar aos dois subgrupos a possibilidade de fazerem a experiência bem real de confrontarem-se com a dialética oferta-procura.

O essencial é que foi possível permitir aos participantes o desencadeamento de um processo aqui e agora. Tudo se passa como se agora coubesse só a eles fazerem, mas apoiados pela nossa presença envolvente, aquela apropriação subjetiva, da qual se por pensar que, uma vez desencadeada, vai com certeza produzir seu efeito, uma vez acabada a encenação da situação.

Mencionaremos, mais adiante, a presença e a importância do processo de identificação projetiva na dialética procura/resposta. Essa situação relacional se estende ao grupo através de diálogos cruzados, de ressonância e de associações de representações. Como todo processo psíquico, este pode estar sujeito a regressão. Por exemplo, é possível que um acontecimento de alcance traumático diminua a capacidade transformacional, ameaçando finalmente o equilíbrio adquirido, acentuando a parte do fantasma no pensamento. Essa ameaça é moderada pelo recurso a um nível psíquico mais acessível, do qual são excluídas as formas de comunicação que ameaçariam provocar o regresso intempestivo de elementos não integráveis. É esse processo de identificação projetiva deste gênero que a oficina vai trabalhar no encontro dos dois subgrupos.

Aprendizagem pela experiência relacional

O campo do desenvolvimento psíquico da pessoa merece ser diferenciado daquele da aprendizagem de um saber como tal, e necessita de uma investigação específica. Em termos mais precisos, por referência à teoria psicanalítica, trata-se de considerar a fundação da psique, suas condições de emergência e, neste conjunto, a emergência e o desenvolvimento de um Eu, individualizante, único da pessoa, não separado, porém, dos outros Eus.

Sendo assim, vamos encontrar a aprendizagem pela experiência relacional que tem por vocação estender-se por toda a vida, mas que, em suas premissas, procede de uma relação natural do bebê com as pessoas que cuidam dele e que, portanto, desde o início participam da formação de sua personalidade. Será possível, mais tarde, estabelecer, particularmente com fins pedagógicos ou terapêuticos, condições de encontro que permitam uma reexperiência e uma revivescência de certos aspectos dessas premissas e daquilo que veio depois. Mas o que é que se entende "aprender pela experiência relacional"?

W.R. Bion, em *Aux sources de l'experience* (1979), indica:

> "Os problemas levantados neste livro dizem respeito fundamentalmente à aprendizagem [...]".

Escreve também:

> "Este livro se interessa pelas experiências ligadas às teorias do conhecimento e à clínica psicanalítica [...]".

Esses conceitos de Bion foram a seguir retomados por O. Avron (1996).

Para esses dois autores, a emoção constitui a base de todo desenvolvimento psíquico. Com efeito, os órgãos dos sentidos explicam a experiência ligada a objetos concretos a partir das percepções. Mas não existe órgão dos sentidos para perceber a qualidade psíquica, as "impressões dos sentidos". S. Freud atribuía à consciência a percepção da qualidade psíquica, a partir do levar em conta a realidade que vem se opor ao princípio de prazer. Assim, o bebê que tem fome, e a manifesta, pode, por um tempo, satisfazer-se recorrendo à alucinação do prazer tomado, que conhece por experiência, mas essa iniciativa mental não satisfaz a necessidade que se impõe e, portanto, leva o bebê a reconhecer a realidade exterior e a adaptar-se a ela pela ação. A consciência da realidade exterior vai crescendo pela repetição da limitação da pulsão.

W.R. Bion não diz que essa teoria é falsa, mas que é insuficiente:

"A teoria da consciência como órgão dos sentidos da qualidade psíquica não é satisfatória. No nível da prática clínica, aparecem contradições que não se podem resolver, a não ser que se aborde o problema com uma teoria diferente ...".

"Em lugar disso, Bion vai supor a atividade de uma função específica, a função alfa, capaz de apreender a diversidade das características da experiência emocional, para transformá-las em elementos alfa integráveis na atividade psíquica consciente e inconsciente" (citado por Avron, 1996, p. 133).

A experiência relacional no sentido lato, ou seja, incluindo o que acontece ao indivíduo antes da linguagem em sua relação com outrem, está, portanto, presente desde a origem e constitui o próprio pedestal do psiquismo. Essa relação com outrem no plano emocional está fundamentada no mecanismo psíquico posto em evidência por M. Klein, cujo discípulo é W.R. Bion: a identificação projetiva. Sustentada por um fantasma onipotente, a identificação projetiva consiste, para o bebê, em projetar em um "seio" partes de si, boas ou más, mas a princípio más, pois, para M. Klein, a pulsão de morte geradora de angústia se acha presente desde o começo da vida. Essa projeção é uma expulsão que traz alívio, mas transforma o seio em receptáculo, o que estabelece o protótipo de uma relação objetal agressiva. Deve-se observar que R. Roussillon (1999) compreende essa pulsão de morte como reação às vivências de morte psíquica, devidas à inadequação dos primeiros objetos investidos pela criança, mas fora de sua subjetividade e, por conseguinte, potencialmente traumáticas.

Para W.R. Bion, se "a mãe" possui uma capacidade alfa suficiente, a resposta materna é o produto de uma transformação que torna os elementos expulsos aceitáveis (desintoxicados) para o bebê que os reintrojeta. Ele introjeta um elemento alfa. No caso contrário, o que se experimenta é "um terror sem nome". Bion dá o nome de "capacidade de devaneio da mãe" à função que a habilita a aceitar e transformar as projeções. Esse duplo movimento inconsciente, projetivo-introjetivo, na realidade é um só. É simultâneo, de uma peça só, no registro do fantasma.

Estamos, pois, diante de uma teoria da comunicação com os desenvolvimentos que W.R. Bion traz para o conceito de identificação projetiva de M. Klein, e também com seus próprios desenvolvimentos relativos à emergência dos pensamentos e do "aparelho de pensar os pensamentos", que aumentam a capacidade de elaboração da experiência emocional. Todavia, O. Avron não se mostra plenamente satisfeita com aquilo que W.R. Bion desenvolveu sobre os modos da comunicação nos grupos, visto que, segundo ela, a teoria deste último não explica o fenômeno da reciprocidade.

> "Considerar o outro de modo realista permite, a rigor, agir sobre ele de forma realista, mas não acarreta a compreensão de uma ação recíproca. Ora, a ação mútua é que é o fato novo a ser explicado" (Avron, 1996, p. 135).

E ela precisa mais adiante:

"No que me diz respeito, na medida em que o princípio de realidade não me parece capaz de explicar a reciprocidade do laço, eu atribuo essa coerção de base a uma pulsão específica oposta e complementar à pulsão sexual" (id., p. 141).

Trata-se de uma "pulsão de interligação", que se deve considerar simultaneamente com a pulsão sexual nas comunicações entre os membros de um grupo, inclusive o psicanalista, sem dúvida.

Aprender pela experiência relacional constitui um processo ativo fundamental desde o começo da vida e que continua ao longo de toda a vida. Vai se complexificando à medida que vão crescendo e se desenvolvendo as capacidades da pessoa. Perde o caráter extremamente esquemático que essa apresentação induziu para, ao contrário, prestar-se às infinitas combinações dos elementos psíquicos entre si e conforme as influências do mundo exterior. Constrói-se deste modo uma realidade psíquica, ligada à realidade concreta, mas diferente e autônoma, que, segundo Freud, somos "obrigados a reconhecer a existência".

Validação

Terá nossa oficina alcançado seu objetivo, tal como o definimos, isto é, realizar uma aprendizagem pela experiência relacional?

Tínhamos considerado essa noção de maneira genérica, e tentamos precisá-la melhor, retomando-a pelo ângulo de sua aplicação nas condições da oficina. Estabelecemos os parâmetros que dão validade à noção de experiência: um quadro e as condições necessárias para que se produza, nesse quadro, *algo* concernente ao tema em pauta. Um espaço psíquico é criado pelo enunciado dos limites espaço-temporais. Nesse espaço, a determinação: "colocar em jogo pelo discurso um encontro entre dois grupos definidos" vai produzir esse *algo*, que é até certo ponto esperado, e mesmo previsível, para nós, e, por uma outra parte, imprevisível.

Supõe-se que haja liberdade no interior do dispositivo, de modo que os protagonistas assumam o desenrolar e o conteúdo das partilhas. Para eles também é necessário gerir bem a parte do inesperado e até mesmo, assim pensamos, a maior parte possível. A descoberta e um efeito surpresa, muitas vezes presentes, podem constituir uma tomada de consciência tanto mais interessante, porque não é intencionada como tal pelos responsáveis pela experiência, mas, de certa maneira, vai emergir da "cadeia associativa grupal" (Kaës, 1994) com uma parte inconsciente. Para tanto, é claro que se requerem as condições de um discurso livre. Os atores da simulação podem, nesse caso, fazer sua experiência do encontro relacional que cada um e o grupo constroem na intersubjetividade.

Cabe a nós garantir os envoltórios psíquicos grupais, encaixados, o do subgrupo em simulação e o do grupo da oficina inteira. Assim não teríamos tolerado, se fosse o caso, o rompimento do envoltório por uma passagem ao ato provocando um curto-circuito no discurso ou uma intrusão na encenação por um ator que viesse do grupo inteiro. As projeções são contidas pelo e no quadro. Os sujeitos-atores são contidos psiquicamente.

O esperado estabelecimento da comunicação se efetuou bem, segundo as modalidades não previsíveis acima descritas acerca do desenrolar. Observamos um nível de emocionalidade dominante bastante moderada; essa vivência começou a ser elaborada. Trata-se de um trabalho que cada um dos participantes estava capacitado a fazer ao menos parcialmente, tanto mais que aqui estávamos lidando com um público de profissionais interessados nos fenômenos psíquicos.

Tudo se passa como se tivéssemos ouvido a pergunta que era-nos transferencialmente dirigida no curso da simulação: "O que é que vocês nos propõem?", e à qual respondêramos, propondo-lhes que usassem o método psicanalítico com um dispositivo específico, capaz de permitir trabalhar as questões que os preocupavam e geravam eventualmente incompreensão e sofrimentos em suas respectivas instituições.

Essa proposta implícita vai certamente questionar a nós mesmos sobre o dispositivo que aplicamos. De onde vem ele? À primeira vista, é o fato de termo-nos submetido a uma situação semelhante à deles, em nossa relação com o CEFFRAP, mas ainda mais o fato de sermos sensíveis ao que é representado pela inextricável complexidade das instituições em que tivemos de intervir, nossa própria impotência ou até nosso desconforto diante dos problemas com os quais nos confrontamos em nossas próprias instituições. Como criar novos espaços de aprendizagem, de laços, de pensamento? A quem, a quê recorrer?

Toda aprendizagem, toda nova aquisição, seja qual for o processo aplicado, deixa uma área não atingida, um resto, uma lacuna que, no melhor dos casos, é capaz de desencadear novamente o processo de simbolização. Deve-se considerar, por outro lado, a noção de tempo, tempo fixado por uma instância exterior, tempo concedido, tempo utilizado, também e sobretudo o efeito obtido durante o tempo da experiência, efeito quantitativo, efeito qualitativo. Aqui, o tempo concedido é demasiado curto para uma elaboração comum mais profunda. Seja como for, falta sempre tempo no absoluto. Não se estabelece o término de uma psicanálise, por exemplo, segundo a quantidade de tempo que se lhe consagrou. Nossa experiência da oficina, como tal, poderia estender-se ainda durante um tempo indeterminado e, aliás, *a priori* indeterminável.

O critério tempo é sempre apenas relativo e se define menos segundo um critério formal, do que em relação a limiares de desencadeamento no curso do processo. J. Guimon (1999) cita R. Kaës, que "trabalhando sobretudo em situações de breve duração... frisa que nesse tipo de experiência a duração de cada encontro não é na realidade tão breve. Há com efeito um tempo de pré-elaboração, durante o qual se instala a expectativa, a antecipação, a distância possível entre o anseio incluído na procura e sua realização [...]".

Ademais, a duração de nossa experiência foi anunciada ao mesmo tempo em que era estabelecida. Essa brevidade anunciada não foge a ninguém, e vai marcar uma característica da situação que provoca uma certa excitação psíquica. S. Freud (1905) fala, por seu turno, de uma "supertensão tão procurada". Enfim, já dissemos que o mais importante efeito dessa experiência breve era o de ter desencadeado um processo aqui e agora, processo a que cada um pôde dar seguimento à sua medida e que é sustentado pelo quadro continente que, é claro, não desaparece em sua função após a oficina.

Transformações

Na oficina

Evocamos várias vezes a transformação da procura, tanto a que nos fôra feita, bem como aquela dirigida aos participantes de nossa oficina. Trata-se de condição indispensável para a apropriação da procura.

O que pensar, depois, da maneira como estes últimos transformaram nossa procura? Foram para nós surpreendentes a rapidez e a excitação com que se apoderaram de nossa proposta, constituindo apressadamente os dois subgrupos da simulação, a tal ponto que os hesitantes se sentiram excluídos antes mesmo de terem podido avaliar o que estava em jogo na situação.

Essa rapidez nos recordou a noção de mudança catastrófica, apresentada por W.R. Bion em 1965, e os fantasmas de precipitação, estudados por D. Houzel. Este último acredita que toda perspectiva de mudança importante de estado psíquico, individual ou coletiva, coloca os sujeitos em face das angústias de precipitação ou, ao contrário, de petrificação, ligadas à resistência, à mudança. Escreve Houzel junto com G. Catoire (Houzel, Catoire, 1994, p. 79):

> "Essa oposição entre fantasma de precipitação e fantasma de petrificação merece ocupar um lugar, parece-nos, no quadro do estudo dos fantasmas originários e antioriginários, pois é justamente

no lugar origem de um processo de mudança dramática, cujo paradigma é o episódio do nascimento, que ela se manifesta com toda a sua amplitude".

A ideia da necessidade de uma mudança sempre se acha presente durante nossas intervenções em uma instituição e suscita, já o vimos, respostas paradoxais do tipo "a gente quer mudar, contanto que nada mude", pois qualquer mudança é vivenciada como ameaça de rompimento traumático.

No clima emocional desencadeado por nossa procura de simulação, os dois subgrupos reunidos separadamente discutiram, ao que parece, com tanta paixão, que foi difícil interrompê-los para passar ao tempo da simulação. Pode-se pensar que o tema proposto mobilizou afetos importantes, condensando ao mesmo tempo a vivência institucional dos participantes e, sem dúvida, experiências de procuras muito mais antigas, mais ou menos simbolizadas e apropriadas, em ligação com suas primeiras relações intersubjetivas e, portanto, com a capacidade de seus primeiros objetos respectivos para hospedar e transformar suas primeiras representações.

Sabe-se que o recurso ao grupo é uma possibilidade para atenuar a ameaça de excesso emocional, mas a constituição de um grupo no caso não é algo evidente, visto os participantes não terem outro laço entre si, a não ser o fato de terem vindo a esse colóquio e a essa oficina. Sem dúvida, a estranheza da situação faz aumentar uma certa urgência identificatória de uns com os outros, para encararem a intensidade da emoção que os assalta. No entanto, a nosso ver, são sobretudo as alianças que eles vão estabelecer que lhes permitirão organizar o caos que os espreita.

R. Kaës estudou a fundo as alianças que mantêm unidos os participantes de um grupo. Manteremos aí o contrato narcísico e o pacto denegativo. Ele distingue dois contratos narcísicos; o primeiro, concluído no grupo primário, atribui ao sujeito um lugar em um conjunto e uma missão, a de assegurar a continuidade da geração e do conjunto social; o segundo se conclui nos grupos secundários, é "a ocasião de um questionamento e de uma retomada mais ou menos conflituosa da sujeição narcísica às exigências do conjunto" (Kaës, 1993, p. 273).

Em nossa oficina, os participantes são convocados, desde nossas primeiras partilhas, a tomar parte no processo que desencadeamos, na matriz que os contém e nos contém. Não é, portanto, algo de muito surpreendente que a procura que vão, *in fine*, formular se refira a um reconhecimento identitário existencial.

Mas a revivescência desse contrato narcísico e de seus desafios ficaria certamente sem efeito se os participantes não se entendessem inconscientemente para deixarem de lado os conflitos de que participam em suas instituições particulares. Como o frisou muitas vezes R. Kaës, para conservar-se unido, todo grupo é obrigado a pôr de lado o que ameaçaria desorganizar o conjunto; esse pacto denegativo preserva o laço.

A propósito do pacto denegativo, escreve R. Kaës (1993, p. 274):

> "Por este conceito, entendo aquilo que se impõe em todo laço intersubjetivo para ser fadado em cada sujeito do laço aos destinos do recalque ou da denegação, da negação, da desaprovação, da repulsa ou do enquistamento no espaço interno de um sujeito ou de vários sujeitos [...]. Nisso o pacto se mostra *a minima* como a contraface e o complemento do contrato narcísico".

Estabelecemos, pois, esta hipótese: contrato narcísico e pacto denegativo permitiram aos participantes dos dois subgrupos organizar-se em conjunto para produzirem a simulação procurada. No entanto, esse reagrupamento permanece precário e eles terão, no decorrer da encenação, de reforçar suas expectativas. Daí, sem dúvida, a reivindicação narcísica identitária que invadirá o espaço da simulação.

Da experiência relacional à escrita

Desejamos neste escrito manter-nos o mais possível fiéis ao método que tínhamos utilizado para preparar a oficina, ou seja, como o dissemos, elaborar conjuntamente o dispositivo e nossas relações intersubjetivas, sucessivamente. No entanto, escrever exige mais aportes individualizados do que a elaboração de um dispositivo. Era necessário efetuar transformações em nossa maneira de trabalhar em conjunto.

Espontaneamente deixamos a cada participante o cuidado de redigir a parte deste texto que correspondia a suas motivações pessoais, com a condição de que cada fragmento fosse submetido à atenção crítica dos outros. Aquilo que o redator relembrava o levava eventualmente a propor uma modificação que, por seu turno, era submetida aos outros. É um circuito longo aparentemente, mas só aparentemente, pois as modificações não acarretam em geral muitas consequências. Além disso, as remissões a partir do texto inicial levaram a uma estimulação importante: novas ideias, formato mais adequado, sensação de receber um apoio. Esses fragmentos foram aos pouquinhos constituindo capítulos revistos, corrigidos, modificados ou até suprimidos. Assim o redator inicial não era em absoluto desconhecível, mas cada um podia apropriar-se do texto final e reconhecer-se nele.

Este trabalho é, pois, o resultado de uma criatividade compartilhada, em parte por depender de nossas partilhas anteriores e, em parte, porque tudo se passou como se o redator escrevesse para o grupo, na intersubjetividade. Ele se torna o portador de uma função grupal, com referência a outras funções, no grupo, como o porta-voz ou o porta-sonho..., o porta-pena?

O fato de deixar a cada um o máximo de iniciativa introduziu de maneira mais flagrante diferenças entre nós, que não podiam ser eventualmente sentidas como fonte de rivalidades, de invejas, tanto mais que o terceiro, representado pelo grupo de participantes, quando de nossa primeira etapa, havia passado para o segundo plano. No entanto, nosso hábito do trabalho de grupo contribuiu certamente para valorizar uma atitude de tolerância e de acolhida.

Outras razões nos permitiram perseverar: por exemplo, o fato destacado por D. Anzieu, em seu estudo sobre o trabalho da criação. Observa ele que o criador muitas vezes necessita, para crer no valor de suas intuições, apoiar-se em seus pares. Ele distingue criatividade e criação. A primeira fase do processo criador que, segundo ele, comporta cinco etapas é comum ao sujeito criativo e ao criador e se caracteriza por uma regressão. Tal regressão gera resistências, formas de resistência à mudança. Vê-se o criador assaltado por dúvidas relativas às representações que lhe vieram, está pronto a considerá-las puras fantasias em relação com seu delírio pessoal e, portanto, sem nenhum interesse para os outros, ou mesmo perigosas e nocivas.

"Um meio de superar essa resistência reside no encontro de um interlocutor privilegiado... com o qual o criador mantém uma decisiva conivência sobre alguns dos quatro pontos seguintes – intelectual, fantasmático, afetivo, narcísico –, não sobre todos (é indispensável uma certa distância para se estabelecer uma partilha mútua)" (Anzieu, 1981, p. 114).

Pode-se considerar que a proximidade dos outros ou de alguns dentre eles, no grupo de quatro, desempenhou esse papel de interlocutor privilegiado.

Uma outra razão foi também capaz de apoiar nosso esforço: tivéramos a ocasião de ver operando os efeitos de nossa intertransferência, quando trabalhávamos com os participantes da oficina. Podíamos medir a força de nossa disponibilidade para a partilha, fantasmática, imagoica, identificatória, ao mesmo tempo em que mudavam as condições de nosso trabalho comum e, portanto, nossas posições e nossas funções, uns com relação aos outros. Tratava-se agora de poder estar sozinho conservando-se ao mesmo tempo solidário com os outros, de desenvolver uma atividade psíquica criadora, ficando só na presença da equipe, talvez de recuperar partes de si deslocadas para outros ou de se desfazer de projeções dos outros sobre si.

Afiliação e herança

Parece-nos necessário retornar agora ao efeito surpresa provocado pela simulação. Não tínhamos antecipado que a encenação da oferta e da procura iria empenhar os participantes dos dois subgrupos em uma defesa da instituição que simulavam.

Apresentamos esta hipótese: esse resultado se deve ao tema do colóquio "A instituição como herança", que serviu de atrator e de organizador para os participantes da oficina, concentrando ademais sua transferência para a instituição CEFFRAP, organizadora desse colóquio. Sem dúvida, o mal-entendido que se exprimiu no diálogo entre os dois subgrupos não estava ligado a um sofrimento relacionado à vivência institucional dos protagonistas. Cada um se sentia ameaçado pelo outro, temia por seu espaço material e psíquico, sua integridade, sua legitimidade.

Os dois grupos se mostravam dominados por aquilo que J. Bleger (1967) denomina a sociabilidade sincrética, que se fundamenta sobre uma imobilização das partes não diferenciadas ou simbióticas da personalidade, clivadas das formações diferenciadas. Essas partes não diferenciadas correspondem aos primeiros conteúdos da psique, o núcleo aglutinado na terminologia de J. Bleger, depositados primeiro na família e depois nas instituições. Elas estão na base do sentimento de identidade grupal de pertença e, portanto, da dependência em face da instituição. Essa sociabilidade sincrética coexiste com a sociabilidade por interação, que corresponde a um jogo de trocas intersubjetivas, produzindo efeitos individualizantes e dispositivos manifestos de interação. Este é o dispositivo que queríamos estabelecer, mas não foi inteiramente utilizado nessa perspectiva. Pois as condições mínimas para consegui-lo não estavam presentes naquele momento. A simulação acabou propondo um adiamento, para a ocasião de um novo encontro, de uma possibilidade de trabalho comum. Era necessário que as reflexões continuassem.

É justamente a necessidade de transformar e aprofundar a procura que motiva a presença dos participantes nessa oficina. Os participantes mostraram bem seu apego à respectiva instituição, a necessidade que sentem dela, sem dúvida relacionada à importância dos depósitos que a carregaram, mas eles puderam perceber o quanto sua dependência afiliativa poderia também imobilizá-los, ou mesmo aliená-los, e impedir entre eles uma diferenciação suficiente para permitir a cada um perseguir suas próprias metas e ao mesmo tempo reconhecer-se como um elo e beneficiário da cadeia institucional.

A questão da herança lhes diz respeito, então, diretamente. O fato de essa questão ser posta em e por uma outra instituição, e não pela sua, lhes permite a distância necessária para encontrar novas referências, um terceiro, e livrá-las pelo menos em parte de suas aderências simbióticas à própria instituição. A relação com o Ancestral, com o fundador e com a violência da fundação, os traumatismos que eles podem ter sofrido em sua instituição podem ser novamente trabalhados. Pode-se pensar que esses elementos psíquicos possam ter sido postos em ressonância pela experiência da simulação.

Fazemos aqui menção à herança das instituições respectivas dos participantes, mas a herança de nossa instituição se acha também amplamente presente na situação que apresentamos. Pensamos, com efeito, que a experiência preliminar à instalação da oficina por nosso pequeno grupo marcou o conjunto da situação. Essa experiência faz parte da história do CEFFRAP, nela atuamos como herdeiros. Com efeito, é em nossa instituição de origem que aprendemos modos de ação específicos e, de modo particular, aqueles que podem concorrer para a formação do "sujeito". A instalação da oficina leva o traço dessa bagagem adquirida. E, ainda mais, traduz a operação de um espírito de pesquisa comum e partilhado. Noutros termos, a situação que estabelecemos é herdeira do trabalho anterior de nosso grupo e procura encarná-lo e abrir o caminho para novas criações e elaborações.

É, em primeiro lugar, a maneira como retomamos por conta nossa a procura de nossa instituição que serviu de base para a oficina. Nosso sentimento de termos sido forçados a encarar uma certa violência antecipatória por sua parte impeliu-nos a trabalhar sobre essa violência, a reconhecê-la como inerente à situação, portanto como necessária e potencialmente benéfica, sob a condição de retomá-la por conta nossa e transformá-la. Essa experiência nos serviu de ponto de apoio para imaginar um dispositivo capaz de gerar um processo da mesma natureza em outros.

Durante a caminhada, tivemos de reconhecer que a violência que fazíamos sobre os participantes, submetendo-os a nosso dispositivo, levava-os a lhe responderem de uma maneira que não tínhamos antecipado e que nos obrigava a modificar o lugar para o qual os tínhamos inconscientemente convocado. Nossa oferta era utilizada por eles de uma maneira que lhes era própria. Nossa oferta/procura se encontrava novamente questionada e retrabalhada. Os participantes, como nós mesmos antes deles, não se conformavam em tudo com a procura que lhes era feita, procuravam afirmar-se como sujeitos e apropriar-se da herança a seu jeito. Tivemos de nos dar conta disso sem podermos, no tempo determinado, desdobrar todos os seus efeitos. Em compensação, um efeito tangível para nós mesmos se traduziu pela proposta de um novo dispositivo de trabalho que devia se inscrever no conjunto das atividades do CEFFRAP.

Bibliografia

ANZIEU, D. (1981). *Le Corps de l'oeuvre*, Paris, Gallimard.
_____. (1982). "Le psychodrame em groupe large: un dispositif pour l'analyse transitionelle individuelle, groupale et institutionelle", in R. Kaës et alii, *Le Travail psychanalytique dans les groupes*, 2, *Les voies de l'élaboration*, Paris, Dunod, p. 56-85.
ABRAHAM, N., TOROK, M. (1978), *L'Écorce et le Noyau*. Paris, Aubier-Flammarion.
ANSART, P. (1977). *Idéologies, conflits et pouvoir*. Paris, PUF.
ARENDT, H. (1961). *La Condition de l'homme moderne*. Paris, Calmann-Lévy.
AUGÉ, M. (1994). *Le Sens des autres*. Paris, Fayard.
AULAGNIER, P. (1968). "Demande et identification", *L'Inconscient*, 7, 23-65; trad. port., "Demanda e identificação", in *Um intérprete em busca de sentido I*. São Paulo: Escuta, 1990.
AVRON, O. (1996). *La Pensée scénique. Groupe et psychodrame*. Ramonville Saint-Agne, Érès.
BALINT, M. (1960). *Le Médecin, son malaise et la maladie*. Paris, Payot.
_____. (1981). *Les Voies de la régression*. Paris, Payot.
BERTRAND, M. (1990). *La Pensée et le Trauma. Entre psychanalyse et philosophie*. Paris, L'Harmattan.
BION, W. R. (1961). *Experiencies in Group*. Londres, Tavistock; trad. fr., *Recherches sur les petits groupes*. Paris, PUF, 1965.
_____. (1962). *Aux sources de l'expérience*. Paris, PUF, 1979.
BLEGER, J. (1967). *Symbiose et ambiguïté, étude psychanalytique. Paris*, PUF.
_____. (1970). "Le groupe comme institution et le groupe dans les institutionis"; trad. fr., in KAËS, R.; PINEL, J.-P. ET ALII, *Souffrances et psychopathologie des liens institutionnels*. Paris, Dunod.
BOSZORMENYI-NAGY, I., SPARK, G. (1973). *Invisible Loyalties*. New York, Brunner Mazel.

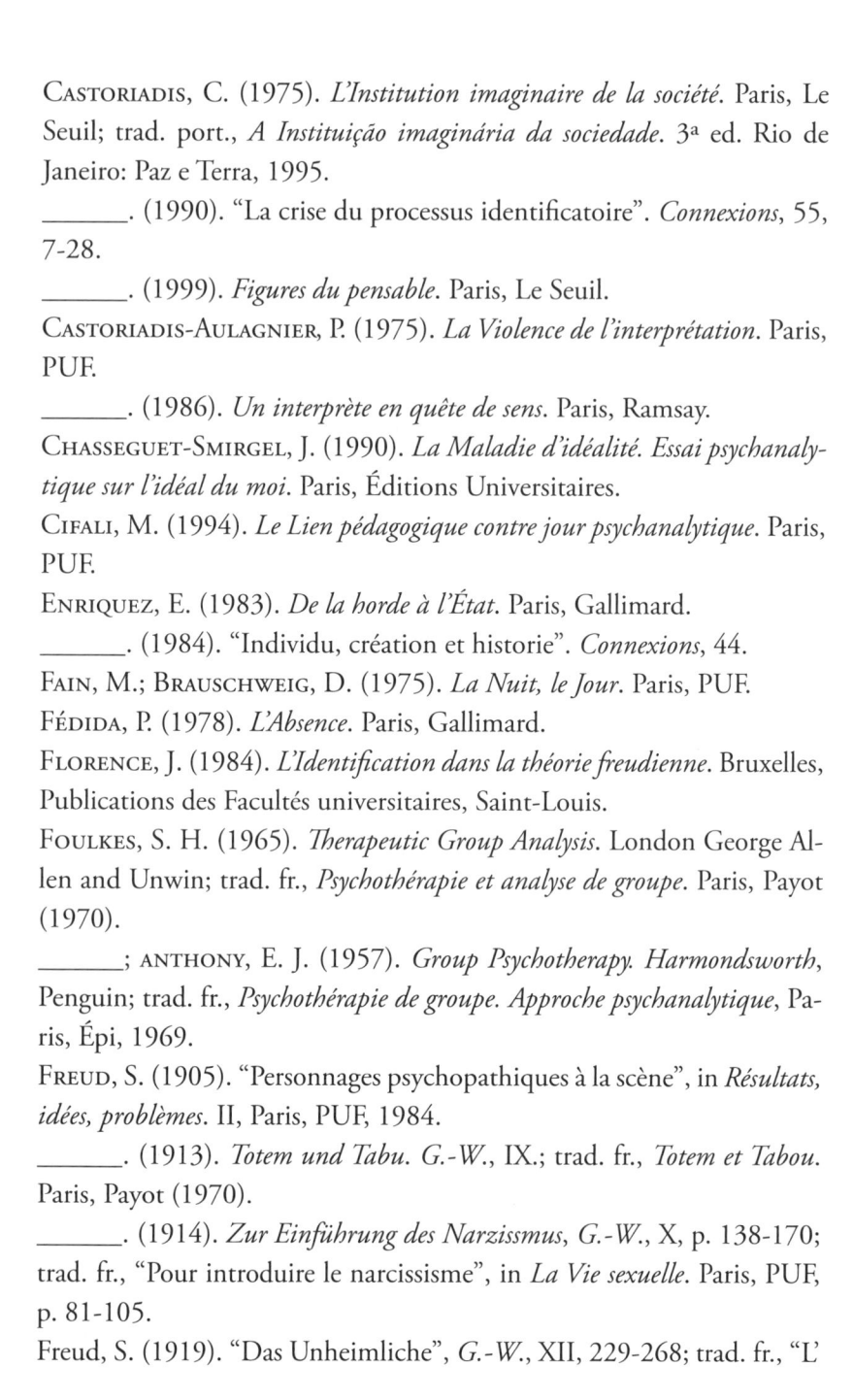

CASTORIADIS, C. (1975). *L'Institution imaginaire de la société*. Paris, Le Seuil; trad. port., *A Instituição imaginária da sociedade*. 3ª ed. Rio de Janeiro: Paz e Terra, 1995.

_____. (1990). "La crise du processus identificatoire". *Connexions*, 55, 7-28.

_____. (1999). *Figures du pensable*. Paris, Le Seuil.

CASTORIADIS-AULAGNIER, P. (1975). *La Violence de l'interprétation*. Paris, PUF.

_____. (1986). *Un interprète en quête de sens*. Paris, Ramsay.

CHASSEGUET-SMIRGEL, J. (1990). *La Maladie d'idéalité. Essai psychanalytique sur l'idéal du moi*. Paris, Éditions Universitaires.

CIFALI, M. (1994). *Le Lien pédagogique contre jour psychanalytique*. Paris, PUF.

ENRIQUEZ, E. (1983). *De la horde à l'État*. Paris, Gallimard.

_____. (1984). "Individu, création et historie". *Connexions*, 44.

FAIN, M.; BRAUSCHWEIG, D. (1975). *La Nuit, le Jour*. Paris, PUF.

FÉDIDA, P. (1978). *L'Absence*. Paris, Gallimard.

FLORENCE, J. (1984). *L'Identification dans la théorie freudienne*. Bruxelles, Publications des Facultés universitaires, Saint-Louis.

FOULKES, S. H. (1965). *Therapeutic Group Analysis*. London George Allen and Unwin; trad. fr., *Psychothérapie et analyse de groupe*. Paris, Payot (1970).

_____; ANTHONY, E. J. (1957). *Group Psychotherapy*. Harmondsworth, Penguin; trad. fr., *Psychothérapie de groupe. Approche psychanalytique*, Paris, Épi, 1969.

FREUD, S. (1905). "Personnages psychopathiques à la scène", in *Résultats, idées, problèmes*. II, Paris, PUF, 1984.

_____. (1913). *Totem und Tabu. G.-W.*, IX.; trad. fr., *Totem et Tabou*. Paris, Payot (1970).

_____. (1914). *Zur Einführung des Narzissmus, G.-W.*, X, p. 138-170; trad. fr., "Pour introduire le narcissisme", in *La Vie sexuelle*. Paris, PUF, p. 81-105.

Freud, S. (1919). "Das Unheimliche", *G.-W.*, XII, 229-268; trad. fr., "L' inquiétant", *OCF*, XV, 147-188 ("L' inquiétant étrangeté", in *Essais de psychanalyse*, 1933, nova trad. de J. Laplanche, 1996, Paris, PUF).

_____. (1921). *Massenpsychologie und Ich-Analyse*, *G.-W.*, XIII, p. 71-161; trad. fr., *O.C.*, XVI, p. 5-83.

_____. (1926). *Hemmung. Symptom und Angst*, *G.-W.*, XIV, p. 113-205; trad. fr., *Inhibition, symptôme et angoisse*. Paris, PUF, 1951.

_____. (1927). *Die Zukunft einer Illusion*, *G.-W.*, XIV, p. 325-380; trad. fr., *L'Avenir d'une Illusion*. Paris, PUF, 1971.

_____. (1929). *Das Unbehagen in der Kultur*, *G.-W.*, XIV, p. 417-505; trad. fr., *Malaise dans la civilization*. Paris, PUF, 1971, nova edição.

_____. (1939). *Der Mann Moses und die monotheistische Religion. Drei Abhandlungen*, *G.-W.*, XVI, 101-246; trad. fr., *L'homme Moïse et la religion monothéiste. Trois essais*. Paris, Gallimard, 1986.

GAILLARD, G. (2001). "Identifications profissionnelles, assignations institutionnelles et paralysie de la pensée", *Revue de psychothérapie psychanalytique de groupe*, 35.

GAUCHET, M. (2001). *La Démocratie contre elle-même*. Paris, Gallimard.

GIUST-DESPRAIRIES, F. (1989). *L'Enfant rêvé*. Paris, Armand Colin, reed. L'Harmattan, 2006.

_____. (2003a). *La Figure de l'autre dans l'École Républicaine*. Paris, PUF.

_____. (2003b). *L'Imaginaire Collectif.* Ramonville Saint-Agne, Érès.

_____. (2004). *Le Désir de penser. Construction d'un savoir clinique*. Paris, Teraèdre.

_____. (2006). (en coll. avec M. Cifali), *De la Clinique: un engagement pour la formation et la recherche*. Bruxelles, De Boeck.

GREEN, A. (1980). "Le mythe: un objet transitionnel collectif". *Le Temps de la réflexion*. Paris, Gallimard.

GUILLAUMIN, J. (1991). "Identifications affectives, généalogie de l'affect". *Revue française de psychanalyse*, LV, 4, p. 979-988.

GUIMON, J. (1999). "Une réévaluation des indications des groupes analytiques", *Revue française de psychanalyse*, LXIII, p. 959.

HALBWACHS, M. (1950). *La Mémoire collective*. Paris, Albin Michel.

Henri, A.-N. (2004). "Le secret de famille et l'enfant improbable", in Mercader, P.; Henri, A.-N. et alii, *La Formation en psychologie, filiation bâtarde, transmission troublée.* Lyon, PUL.

Hopper, E. (1992). "The problem of context in group-analytic psychotherapy: a clinical illustration and a brief theoretical discussion", in Pines, M. (éd.), *Bion and the Group Psychotherapy.* Londres, Routledge & Paul Kegan, p. 330-353.

Houzel, D.; Catoire, G. (1994). *La Famille comme institution.* Paris, Apsygée.

Janin, C. (1999). *Les Logiques du traumatisme.* Paris, PUF.

Jaques, E. (1955). "Social Systems as Defence against Persecutory and Depressive Anxiety", in Klein, M.; Heiman, P.; Money-Kyrle, R. (éd)., *New Directions in Psychoanalysis.* Londres, Tavistock Publications; trad. fr., "Les organisations comme systèmes de défense contre les anxiétes schizoïdes et paranoïdes", in Lévy, A. (org.), *Psychologie sociale: textes fondamentaux anglais et américains.* Paris, Dunod, 1965.

_____. (1995). "Why Psychoanalytical Aprroach to Understand Organizations is Dysfunctional". *Human Relations*, 48, p. 343-365.

Kaës, R. (1984). "Étayage et structuration du psychisme". *Connexions*, 44, p. 11-48.

_____. (1985). "Filiation et affiliation. Quelques aspects de la réélaboration du roman familial dans les familles adoptives, les groupes et les institutions", *Gruppo*, I, p. 23-46.

_____. (1987). "Réalité psychique et souffrance dans les institutions", in Kaës, R.; Enriquez, E. et alii, *L'Institution et les Institutions. Études psychanalytiques.* Paris, Dunod; trad. port., "Realidade psíquica e sofrimento nas instituições", In Kaës, R. (org.). *A instituição e as instituições.* São Paulo: Casa do Psicólogo, 1991, p. 19-58.

Kaës, R. (1989). "Le pacte dénégatif dans les ensembles transsubjectifs", in Missenard, A. et alii, *Le Négatif. Figures et modalités.* Paris, Dunod, p. 101-135.

_____. (1992). "Pacte dénégatif et alliances inconscientes. Éléments de métapsychologie intersubjective", *Gruppo*, 8, p. 117-132.

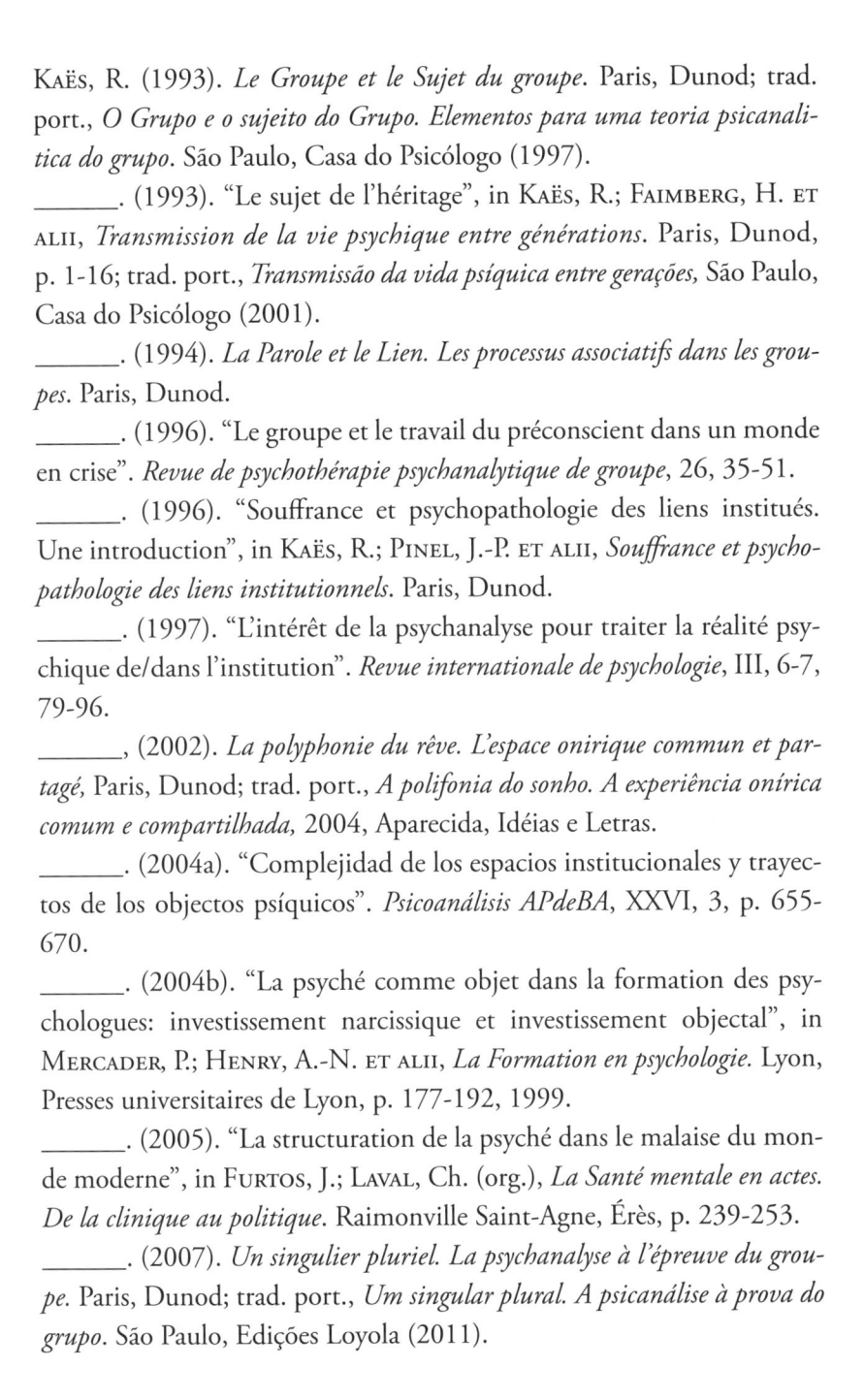

KAËS, R. (1993). *Le Groupe et le Sujet du groupe*. Paris, Dunod; trad. port., *O Grupo e o sujeito do Grupo. Elementos para uma teoria psicanalítica do grupo*. São Paulo, Casa do Psicólogo (1997).

———. (1993). "Le sujet de l'héritage", in KAËS, R.; FAIMBERG, H. ET ALII, *Transmission de la vie psychique entre générations*. Paris, Dunod, p. 1-16; trad. port., *Transmissão da vida psíquica entre gerações*, São Paulo, Casa do Psicólogo (2001).

———. (1994). *La Parole et le Lien. Les processus associatifs dans les groupes*. Paris, Dunod.

———. (1996). "Le groupe et le travail du préconscient dans un monde en crise". *Revue de psychothérapie psychanalytique de groupe*, 26, 35-51.

———. (1996). "Souffrance et psychopathologie des liens institués. Une introduction", in KAËS, R.; PINEL, J.-P. ET ALII, *Souffrance et psychopathologie des liens institutionnels*. Paris, Dunod.

———. (1997). "L'intérêt de la psychanalyse pour traiter la réalité psychique de/dans l'institution". *Revue internationale de psychologie*, III, 6-7, 79-96.

———, (2002). *La polyphonie du rêve. L'espace onirique commun et partagé*, Paris, Dunod; trad. port., *A polifonia do sonho. A experiência onírica comum e compartilhada*, 2004, Aparecida, Idéias e Letras.

———. (2004a). "Complejidad de los espacios institucionales y trayectos de los objectos psíquicos". *Psicoanálisis APdeBA*, XXVI, 3, p. 655-670.

———. (2004b). "La psyché comme objet dans la formation des psychologues: investissement narcissique et investissement objectal", in MERCADER, P.; HENRY, A.-N. ET ALII, *La Formation en psychologie*. Lyon, Presses universitaires de Lyon, p. 177-192, 1999.

———. (2005). "La structuration de la psyché dans le malaise du monde moderne", in FURTOS, J.; LAVAL, Ch. (org.), *La Santé mentale en actes. De la clinique au politique*. Raimonville Saint-Agne, Érès, p. 239-253.

———. (2007). *Un singulier pluriel. La psychanalyse à l'épreuve du groupe*. Paris, Dunod; trad. port., *Um singular plural. A psicanálise à prova do grupo*. São Paulo, Edições Loyola (2011).

KAËS, R. ET ALII (1987). *L'Institution et les Institutions. Études psychanalytiques*. Paris, Dunod.

_____, ET ALII (1993). *Transmission de la vie psychique entre générations*. Paris, Dunod.

_____, ET ALII (1996). *Souffrance et psychopathologie des liens institutionnels*. Paris, Dunod.

KLEIN, M. (1932). *Le Développement de la psychanalyse chez l'enfant*. Paris, PUF, 1981.

_____. (1948). *Essais de psychanalyse*. Paris, Payot, 1967.

KOHUT, H. (1971). *Le Soi*. Paris, PUF, 1974.

KRISTEVA, J. (1997). *La Révolte intime*. Paris, Fayard.

LEFORT, C. (1978). *Les Formes de l'histoire*. Paris, Gallimard.

LÉVINAS, E. (1991). *Entre nous. Essai sur le penser-à-l'autre*. Paris, Grasset.

LÉVY, A. (1973). "Le changement comme travail", *Connexions*, 7.

LUDIN, J. (2005). "La nature narcissique du transfert", in GRIBINSKI, M.; LUDIN, J., *Dialogue sur la nature du transfert*. Paris, PUF.

LYOTARD, J.-F. (1979). *La Condition post-moderne*. Paris, Éditions du Minuit.

MACDOUGALL, J. (1982). *Théâtre du je*. Paris, Gallimard.

MENDEL, G. (1992). *La Société n'est pas une famille. De la psychanalyse à la sociopsychanalyse*. Paris, La Découverte.

MICHEL, L. (1995). "Clues to identiy in trans- and intercultural group analysis". *Group Analysis*, 28, p. 275-279.

_____. (1998). "Groupes analytiques: variations sur le tiers". *Psychothérapies*, 18, I, p. 31-38.

MISSENARD, A. (1979). "Narcissisme et rupture", in KAËS, R., MISSENARD, A. ET ALII, *Crise, rupture et dépassement*. Paris, Dunod, 2ª ed. 2004.

_____. (1982). "Identification et processus groupal", in ANZIEU, D. ET ALII, *Le Travail psychoanalytique dans les groupes*. Paris, Dunod, p. 217-241.

MOREAU-RICAUD, M. (2000). *Mickael Balint. Le renouveau de l'école de Budapest*. Toulouse, Érès.

Neri, C. (1997). *Manuel de psychanalyse de groupe*. Paris, Dunod.
Nicolle, O. (1999). "Groupe, cadre et processus élaboratif", in Baranger, Ph. et coll., *Cadres, règles et rituels dans l'institution scolaire*. Nancy, PUN.
———. (2006). "Groupalité et mythopoïèse", in Assun, P.L.; Zafiropoulos, M., *Psychanalyse et sciences sociales: universalité et historicité*. Paris, Anthropos-Economica.
Nitsun, M. (1996). *The Anti-Group*. Londres, Routledge.
Oury, J. (1976). *Psychiatrie et psychothérapie institutionnelle*. Paris. Payot.
Palmade, J. (1990). "Post-modernité et fragilité identitaire". *Connexions*, 55, 7-29.
Pinel, J.-P. (1996). "La déliaison pathologique des liens institutionnels. Perspective économique et principes d'intervention", in Kaës, R.; Pinel, J.-P. et alii, *Souffrance et psychopathologie des liens institutionnels*. Paris, Dunod.
———. (2007). "La supervision d'équipe en institution spécialisée", in Lipianski, E. M.; Delourme, A. et alii, *La Supervision*. Paris, Dunod.
Pontalis, J.-B. (1997). *Ce temps qui ne passe pas*. Paris, Gallimard.
Puget, J., Kaës, R., et alii. *Violence d'État et psychanalyse*. Paris, Dunod.
Racamier, P.-C. (1983). *Le Psychanalyste sans divan*. Paris, Payot.
Ricoeur, P. (1975). *La Métaphore vive*. Paris, Le Seuil.
———. (1983). *Temps et récit*. Paris, Le Seuil.
———. (1990). *Soi-même comme un autre*. Paris, Le Seuil.
Roheim, G. (1922). "Ethnology and Folk-Psychology". *International Journal of Psychoanalysis*. 3, p. 188-221.
Rosolato, G. (1969). *Essais sur le symbolique*. Paris, Gallimard.
Rouchy, J.-C., Soula-Desroche, M. (2004). *Institution et changement. Processus psychique et organization*. Ramonville Saint-Agne, Érès.
———. (1988). "Espaces et pratiques institutionnelles, le débarras et l'interstice", in Kaës, R. et alii, *L'Institution et les Institutions*. Études psychanalytiques. Paris, Dunod, p. 157-176.
———. (1991). *Paradoxes et situations limites de la psychanalyse*. Paris, PUF.

Roussillon, R. (1999). *Agonie, clivage et symbiose*. Paris, PUF.
Segoviano, M. (2001). "El primer narcisismo y el grupo". *Revista de Psicología y Psicoterapía de Grupo*, 2.
Sirota, A. (2006). "L'attaque initiale du cadre de travail", in O. Douville et alii, *Les Méthodes cliniques en psychologie*. Paris, Dunod.
Stanton, A. H.; Schwartz, M. S. (1954). *The Mental Hospital. A Study of Institutional Participation in Psychiatric Illness Treatment*. New York, Basic Books.
Todorov, T. (1989). *Nous et les autres*. Paris, Le Seuil.
Valabrega, J.-P. (1967). "La fonction anthropologique du phantasme", in Aulagnier-Spairani, P. et coll., *Le Désir et la Perversion*. Paris, Le Seuil.
_____. (1992). *Phantasme, mythe, corps et sens*. 2ª ed., Paris, Payot.
_____. (2006). *Les Mythes, conteurs de l'inconscient*. Paris, Payot.
Winnicott, D. W. (1971). *Jeu et réalité. L'espace potential*. Paris, Gallimard, 1975.
Zaltzman, N. (1999). *La Résistance de l'humain*. Paris, PUF.

Índice Analítico

A

Acordo 184
Afiliação e herança 154
Alianças 199
  estruturantes 96
Alteridade 147
Ambivalência 90, 146
Análise grupal 126
Analista de grupo 115
Angústias de precipitação 198
Antigrupo 121
Aprender pela experiência relacional 182, 186, 192
Aprendizagem 181, 192
Apropriação 183
Associações 82
  de psicanálise 82, 84, 92
Assunção jubilatória 108
Ato fundador 112
Autorrepresentação 53

C

Campo social 118
Capacidade interpretante 134
Caso clínico 106
Causalidade realitária 97
CEFFRAP 88, 89, 181
Cena das origens 98
Cenário
  incestual 87
  institucional 132
Circuito fechado perseguição-idealização 74
Cisão 83

Clivagem 142
Conflito de lealdade 136
Contexto
   do grupo 117
   institucional 118
   social transubjetivo 118
Contrato narcísico 95, 96, 199
Contradom 189
Contratransferência 122, 190
Criação 202
Criatividade compartilhada 201
Crise 115
   identitária profissional 142
Cultura de um grupo 123

D

Delegação oculta 136
Dependência 189
   afiliativa 204
Desenvolvimento psíquico 192
Desidealização 173
Desintoxicação 190, 191
Dessubjetivação 143
Dinâmica 103
   institucional 123
Dispositivo 119, 196
   a minima 134
   de intervenção 116
Dívida 189
Dupla coerção institucional 129

E

Efeito surpresa 196
Ego grupal 189
Emaranhado dos grupos 117

Emoção 192
Enfermos ancestrais 73
Envoltórios
  grupais 118, 196
  narcísicos 109
Espaço
  institucional 117
  intersticial 119
Estágio do espelho 108
Evolução da procura 116
Experiência relacional 181, 182

F

Fantasma(s)
  de assassinato 80
  de transmissão 97, 98
Fetichização 90
Fiadores
  metapsíquicos 67
  metassociais 67
Função
  alfa 193
  instituinte 147
Fundador
  carismático 84
  idealizado 89, 91, 101
  luto do – 70, 101
  mortal 96
  morte de um – 84
  partida de um – 84

G

Grupo
  slow open 122
  terapêutico 116, 131

H

Herança 117
Heterogeneidade 173
Hierarquia dos espaços 123
Hipótese básica 190
História subjetiva 166

I

Idealização 73, 86, 90, 101
Identificação 182
   com um pai mortal 96
   com o pai morto segundo a Lei 94
   projetiva 191, 193
Ideologia 117
   dominante 138
Ilusão grupal 73
Imagem 108
Imaginário 108
   da fundação 93
Incestualidade 86
Influência do terceiro 119
Inquietante 108
Instituição 174
   cuidadora 113
   em crise 115
Instrução 148
Interioridade 142
Interlocutor privilegiado 202
Internalização 171
Interveniente de fora 68

L

Laço 109
   intersubjetivo 141

M

Mal-estar 175
Matriz 121
Mau objeto continente 120
Metassuportes 148
Mirroring 118
Mítica grupal 43, 62
Mito 42– 46
Mitopoiese 43, 51, 52, 58
Morte
  de Didier Anzieu 89
  traumática 74
Mudança catastrófica 198

N

Não ditos 121
Narcísica 103
Narcisismo de morte 95
Negativo 81
Noção de tempo 197

O

Objeto perseguidor 167
Observador participante 132
Ódio 89
Oficina 184
O Uno instituinte 94

P

Pacto(s) 117
  denegativo 199
  denegativos institucionais 121
  narcísico 95

Papel do analista 119
Parentificação 136
Passagem de geração 93
Pedido
   de intervenção 104
Pensamento 154
   paradoxal 190
Petrificação 198
Posição
   ideológica 98, 99
   mitopoética 99, 100
   utópica 100
Problemática institucional 123
Processos
   de socialização 141
   identificatórios 142
Procura
   institucional 116
Projeto institucional 120
Psicodrama 185
Pulsão
   de interligação 195
   de morte 112

Q

Quadro(s) 195
   institucional(is) 68

R

Razão objetivante 144
Reconhecimento social 83
Regras 117
Regressão 202
Regresso à horda 80
Regulação psicanalítica 103

Reinscrição na genealogia 96
Reivindicação narcísica 200
Remuneração narcísica da
 pertença a uma associação 83
Representação da origem 79
Representação fantasmo-mítica 61
Resistência à mudança 90, 202
Ressonância 107, 118
Restos não elaborados 9

S

Separação 67
Sideração imaginária 176
Significações imaginárias sociais 142, 149
Significantes congelados, enigmáticos 81
Simbolização 149
Simulação 185, 186
Singular plural 113
Situação intersubjetiva 184
Sobrevivência identitária 189
Sociabilidade
 por interação 203
 sincrética 203
Sociedades de psicanalistas 92
Sofrimento associado
 à instauração e à manutenção do espaço psíquico 66
 a uma perturbação da fundação 66
 ao fato institucional 65
 aos obstáculos à realização da tarefa primária 66
Sofrimento institucional 65, 112
 sujeito do – 65
Supervisor 132

T

Tarefa primária 83

Tempo
 da constituição de um grupo 118
 da busca 136
 processual 172
Temporalidade 41–64
Teoria da comunicação 194
Teorização de intervenção 137
Terceiro
 exterior 137
 instituição 119
Totemização 73
Trabalho
 de figurabilidade 170
 do analista 101
 da herança 82
 do originário 67, 93
 de subjetivação 179
 de luto 67
Traição dos ideais fundadores 98
Transferência(s) 68, 74, 94, 101,110, 190
 fundadora 109
 narcísicas 108
 originária 109
 residuais 92
Transformação 135, 194
 da procura 198
Transmissão 141
 da psicanálise 92
 fantasma de – 97

V

Violência antecipatória 182, 205

Índice de Autores

A

Anzieu, D. 13, 41, 88, 89, 91, 105, 202
Aulagnier, P. 154
Avron, O. 192, 194

B

Balint, M. 26
Berge, A. 84
Bion, W.R. 21, 25, 26, 190, 192, 193, 198
Blanchard, A. 91
Bleger, J. 32, 36, 203

C

Castoriadis, C. 94, 153
Castoriadis-Aulagnier, P. 95
Catoire, G. 198

D

Desvignes, C. 94

E

Enriquez, E. 65

F

Foulkes, S.H. 118
Freud, S. 42, 80, 91, 155, 170, 193, 198

G

Gaillard, G. 28,
Gauchet, M. 145
Green, A. 95
Guillaumin, J. 35
Guimon, J. 186, 197

H

Henri, A.-N. 23
Hopper, E. 117
Houzel, D. 198

J

Jaques, E. 139

K

Kaës, R. 35, 36, 65, 74, 95, 98, 108, 121, 133, 149, 183, 196, 197, 199
Klein, M. 193
Kohut, H. 190

L

Lacan, J. 42, 108
Laplanche, J. 108

M

Michel, L. 119

N

Neri, C. 136

Nicolle, O. 99, 101
Nitzun, M. 121

O

Oury, J. 116

P

Pinel, J.-P. 68, 74, 107, 116
Pontalis, J.-B. 13, 170
Puget, J. 118

R

Racamier, P.-C. 32, 34, 107
Ricoeur, P. 141, 153
Roheim, G. 42
Rosolato, G. 94
Rouchy, J.C. 116
Roussillon, R. 24, 119, 194

S

Schwartz, M.S. 32, 33, 107
Segoviano, M. 97
Sirota, A. 29
Soula-Desroche, M. 116
Stanton, A.H. 32, 33, 107

V

Valabrega, J.-P. 42

Impressão e acabamento
GRÁFICA E EDITORA SANTUÁRIO
Em Sistema CTcP
Rua Pe. Claro Monteiro, 342
Fone 012 3104-2000 / Fax 012 3104-2036
12570-000 Aparecida-SP